用爱与尊重唤醒每一个生命

张雪峰◎著

东北师范大学出版社

长　春

图书在版编目（CIP）数据

用爱与尊重唤醒每一个生命 / 张雪峰著. — 长春：
东北师范大学出版社，2020.12
ISBN 978-7-5681-7339-1

Ⅰ.①用… Ⅱ.①张… Ⅲ.①小学—校长—学校管理
—文集 Ⅳ.①G627.1-53

中国版本图书馆CIP数据核字（2020）第259841号

□责任编辑：王立娜　　　　　　□封面设计：言之凿
□责任校对：刘彦妮　张小娅　　□责任印制：许　冰

东北师范大学出版社出版发行
长春净月经济开发区金宝街 118 号（邮政编码：130117）
电话：0431-84568115
网址：http：//www.nenup.com
北京言之凿文化发展有限公司设计部制版
北京政采印刷服务有限公司印装
北京市中关村科技园区通州园金桥科技产业基地环科中路 17 号（邮编：101102）
2022年6月第1版　2022年6月第1次印刷
幅面尺寸：170mm×240mm　印张：14.75　字数：225千

定价：45.00元

序言

用爱与尊重唤醒每一个生命

20载风雨，20年征程。做校长20年，我践行以"尊重"为核心的办学理念，坚持"弘扬师德，提升教师素养；注重养成，培养学生习惯；聚焦课堂，提高教育质量；创新课程，提升学校内涵"的办学思路，挚爱着自己的工作，尊重着我的教师团队和学生，勤奋工作，心怀赤诚，始终坚持一个信念——用爱与尊重唤醒每一个生命。

一、思想引领学校

校长是学校的灵魂，校长的职责、任务不是经营事务，而是经营思想。思想领导是校长管理的最高境界。作为校长，我时刻牢记提高自己的思想领导能力，努力站在学校精神的高地，用"尊重"的明灯照亮师生的心田，从而实现用思想推动学校发展。

用心与全体教师交流是我工作的重要内容之一。其中，每周校长寄语和每天校长飞信已经成为我的一个习惯，我通过这样的方式对教师进行耳濡目染的做人、做事及励志、尊重教育，更重要的是我与教师因此架设起了互励共勉和心灵沟通的桥梁。

我注重加强师德建设，积极向教师倡导新理念、新追求，升华从教情感，让教师的思想时常沐浴在高尚师德的春风中，荡涤庸俗思想，从而坚定职业信念。

二、文化引领发展

学校是文化的摇篮，没有了文化就称不上是学校。文化是一种能改变人、陶冶人的氛围，是一种无声的教育。一所优秀的学校，它靠的不是行政制度，而是洋溢人性的文化。多年来，我注重打造学校的精神文化、课程文化、管理文化、教学文化等，形成本校的教师精神和学生精神，使正气成为学校文化的主流，让文化统领学校，让学校的文化不断升华，不断渗透，像空气一样弥漫于整个校园，流露在每位师生的身上，形成学校特有的文化气质。

我深深知道，尊重是一种信任，是一种触及灵魂、动人心魄的无声教育。只有全身心地热爱，爱自己的学校，爱自己的教师，爱自己的学生，才能赢得师生的尊重，才能唤起全体师生奋发向上的激情，办好我们的教育。

我感恩教师们，每当某位教师生日或重大节日时，我定会用心写一段真挚的祝福语，以多种形式送给教师们。我认为在教育界最有说服力、最有感召力的是领导的工作作风、人格魅力。在工作、生活中，我始终努力用自己的行动来诠释规章制度，用自己的行动带动、矫正师生的行为。为深化自主管理，2006年春开始，学校取消签到，自觉考勤，但就是从那时起，教师们变得更加自觉，工作更加投入。为树立全校教师良好的整体形象，学校制定了教师"三讲""四好""五爱"的形象目标，形成了《教师公约》《教师和谐宣言》《教师誓言》等一系列规范教师言行的校本制度规范，从而对本校教师形象进行了定位，激励了教师的工作激情，升华了教师的职业情感。

三、读书反思引领成长

读书是最好的备课。作为校长，要想成为学校的知识权威，站在教育理念的前沿，最好的办法就是读书。校长要想有让人羡慕的口才，要想讲话时富有哲学的理趣、散文的韵致、诗歌的音律、信仰的情怀，最好的方法也是读书。广读书，交高人，善反思，走进书本，与文本对话，在心灵碰撞中不断自我提升，这是名校长成功的必由之路。

我倡导读书，学校启动了智慧读书行动，每周三读书日活动扎实有效、如火如荼，引领教师与书籍为伴，与经典为伍。我认为"学习、读书是给教师最大的福利"。我通过开展读书日、名师论坛、读书漂流、创建工作室等活动拓展教师文化视野，丰富教师文化素养，提升教师精神境界。为了搭建交流平台，激发教师自主发展的情感，自2010年5月开始，全镇教师在教育门户网站——中国教育人博客建立了学校教师的博客群，老师们在上面发表博文，学习名家名师的教学经验与思想，交流心得，实现资源共享。

我提倡教育教学反思：三省吾身，三省吾课堂，三省吾学生之成长。发现好的案例、文章、教学设计，我都会推荐给教师们，并要求他们读完后写体会和反思。自2013年11月起，我带领全镇教育中层以上干部每天坚持写教育日志，积累了一大笔精神财富。

为提高课堂效率，我创造一切机会提高教师业务素质，依托山东省"1751"改革创新工程项目学校的背景，先后选派了100余人次远赴青岛实验初中、济南胜利大街小学挂职培训，通过观摩课堂教学、参加教研活动等方式，促进自身专业素养的提升。每次学习回校都要组织大家反馈交流，上汇报课，开展研讨活动，努力创设全校聚焦课堂的良好氛围。

四、潜心业务研究

我深知自身存在的不足和缺陷，教育的前瞻力、工作的落实力、评价的激励性都需要强化和优化，全镇教育的发展规划思路不够清晰，自主创新能力需要加强，学校管理实现质的突破还需要潜心探究和不懈努力。我努力加强自身素质的提升和学校管理的研究：山东省远程研修时被评为优秀研修组长，主持的教育部中国教师发展基金会国家科研基金"十二五"教育科研规划课题"心理教育在学校中的全面应用"子课题"制度管理与人本管理的有机统一"顺利结题，先后多次在县、市和省"1751"工程做教育典型经验介绍，教学成果获山东省三等奖，多篇论文在省、市级教育刊物上发表。

五、唤醒生命激情

激情是学校赋予校长的使命，没有激情就没有了校长的追求和创新，激情是很重要的素质。作为校长，对工作要充满激情，充满希望；要干一行，爱一行，爱一行，专一行；要有奋斗目标，并满怀热情地去实现它。"不要想和一般人一样生活，否则你就成了一般人"。

我知道激情是使命赋予校长的状态，实干是校长实现超越的过程。多年来，每天早上我都第一个到办公室，迎接师生的到来；下午放学后，我仍会处理日常事务，思考学校发展，最后一个离开办公室。春去秋来，周而复始，但我勤奋执着，持之以恒。

在我的引领下，全镇教育风正气顺，教师团队干事创业，专业成长迅速，教育质量和综合督导评估成绩稳居首列，所任学校、学区被授予滨州市师资培训先进单位、滨州市教科研工作先进单位、山东省语言文字规范化示范学校、山东省"1751"改革创新项目学校等多项省、市、县荣誉称号。

　　在今后的教育旅途中，我会带领中心学校全体教职工把工作做到极致，从平庸走向卓越，用整个的心思做整个的校长，用爱与尊重唤醒每一个生命。

目录

第一章　感悟与情怀

第二章　文化与探索

第三章　学习与反思

第四章　升华与成长

第一章 感悟与情怀

我向往的教育

　　我向往的教育，是一棵树摇动另一棵树，是一片云推动另一片云，是一个灵魂唤醒更多的灵魂。

　　我向往的教育，是一段珍贵的生命成长历程，一切着眼于生命最美的姿态，并准备在社会立足与生存。

　　我向往的教育，尊重规律，践行本真，厚德润物，启智修心，爱是主旋律，底色为诗意与温馨。

　　我向往的教育，校园弥漫着尊重、宽容、幸福与上进，课堂流露着自主、合作、探究与成长。

　　我向往的教育，校园里书声琅琅、歌声朗朗、笑声朗朗，课堂上春意融融，生命与人性竞相绽放。

　　我向往的教育，校园里人人心怀高远，追求卓越，每个生命都演绎精彩，努力绽放。

文化自觉——学校管理的更高境界

目前，学校管理大都倡导以人为本，用文化来统领学校，走和谐的文化管理之路。

文化管理较人治管理、制度管理而言显得越发人性，它实践了"办学校就是办文化"的理念，认识到了文化的力量。

学校文化是在长期办学过程中积淀的一种特有的优质的学校气质、特色、氛围，包括精神文化、课程文化、学术文化等。

文化管理是一种高级管理方式，如果再融入教师的自发自觉，将是一种更高的管理境界——文化自觉。

所谓文化自觉，南通市凌宗伟校长说就是学校文化的自我觉醒、自我反思、自我创建。

自我觉醒、反思、创建，表现在教师身上就是自觉地树立为师信仰，自觉地完成学校任务，自觉地履行学校公约，自觉地成为表率，自觉地探索创新；表现在中层领导身上就是自觉地筹划工作，自觉地提高执行力，自觉地把握全局，自觉地去做正确的事。

试想，当受教育的人成了主动自我教育的人，教育效果会怎样？文化管理亦然。

自觉，一切都变得和谐。

文化自觉，学校管理的更高境界！值得我们去追求和实践。

教师被赏识，学校发展的原动力

任何人从骨子里都有被别人认可、尊重和赏识的渴望，教师亦然。

教师从事的工作琐碎、平凡，没有惊天动地的业绩，也没有丰厚的经济回报，几十年从教不倦怠，靠的是精神力量。

做一名优秀教师，做一名社会尊敬、师生爱戴、业绩卓越的教师，是每个教育人的原始追求；通过工作体现、证实自己的人生价值，是教师埋头苦干的本质原因；在工作中享受生命的意义，为民族的未来而不渝从教，是平凡的我们最朴素的教育情怀。

既然教师靠的是精神和信仰的力量，那么作为学校就应该为教师的内心世界补充营养，让更多教师的心灵充实而不贫瘠，让更多教师的心灵幸福而不悲切，让更多的教师充满激情而不麻木消沉。

赏识是最廉价但又最昂贵的奖励。

赏识是充盈教师精神世界、认可教师存在价值的一种心灵鼓舞。

我们的教师，每个人都有独特的优势，只要学校善于发现每个人的长处，做到善于赏识，善于用人，用人之长，教师团队的潜力就是无限的。

学校的第一资源是教师，教师志则学校志，教师强则学校强。要想打造强教师团队，千万记住：赏识教师，赏识有追求的教师！

赏识教师，就要让教师感受到内心的安宁、奋斗的快乐、成长的幸福、团队的温暖……

真正做到赏识教师并不是一件容易的事情，它需要每个校长潜心修养！

做一名受人尊重的教师

教师，人类知识文明的传播者、塑造灵魂的工程师。作为教师，应努力做好以下几点，当一名受人尊重的教师。

一、积极地工作

这是非常关键的一点。在学校，甚至在任何单位，大家都喜欢干事的人。对领导来讲，你工作努力，成绩斐然，能独当一面，为领导排忧解难，领导怎么能不欣赏你？对同事来讲，有时你多做了事情，无形中就减轻了他们的工作量，同事怎么能不接纳你？对家长来说，都希望把孩子交给一个责任心强、工作努力的教师。积极主动地工作不是一朝一夕的事情，它需要坚持不懈，时间长了，你就会给人留下一个"干事的人"的良好形象，你的受尊重指数随之上升。

二、良好的人缘

良好的人缘也是教师受到大家尊重的必要条件。要想人气指数高，一是要大度，为大局着想，善意理解，容人之过。二是要真诚，人的内心都有感受力，都能感觉出外来情感的真挚程度，并相对应地反馈回报。三是要谦虚，低调做人，高调做事，尊重同事，尊老爱幼。四是要善于帮助别人，有一颗善良的心，急别人所急，帮同事所需，处处热心肠。如此，想不被尊重都难。

三、精湛的业务

"山不在高，有仙则名"；学校不在大，有名师则灵。作为教师，课堂教学水平、班级管理能力、教科研素质直接决定你在学校的地位和价值，所以不要忘了自己的生存之本——业务素质。以课堂教学为例,当你形成了自己的教学风格,课堂上游刃有余,潇洒自如,时而驰骋千里,时而静思帷幄,谈吐有哲学的理性、散文的情趣、诗歌的韵致,学生会被你的课堂魅力吸引,同事会被你的教学技艺折服,于是学生崇拜爱戴你,同事效仿尊重你,领导欣赏器重你。

四、热爱学生

不要小看孩子,他们有自己五彩斑斓的内心世界,有感受情感的天平。当教师把自己的爱百分之百交给他们时,孩子一定会百分之百地接受你,爱戴你。热爱学生是教师起码的职业道德,但光有爱学生的情感是远远不够的,热爱学生更是一种能力,教师要会爱学生,有自己爱的艺术,做到爱中有威、严爱相济,让学生能感受到你的爱,能体会到你是真的为他好。

五、维护教师形象

身为教师,应干一行爱一行,有职业荣誉感,深感教育的优势和神圣,以身作责。

六、做人正直

"人之初，性本善"，正直使人敬畏，正直能弥补能力缺陷。在一个单位，一个正直的人即使"不会办事"，曾"难为"过别人，但"他就是那样的人"的口碑能使他获得大家的谅解，并享受尊重。对学校领导来说，更是"其身正，不令而行；其身不正，虽令不从"。当然，正直属于品质范畴，想做到需要每个教师长期修养。

七、良好的心态

"风儿飘飘"的教育博客里说得好："当你致力于改变自身的时候，你会发现这个世界也同时改变；当你只会抱怨这个世界的时候，你会发现这个世界正朝你更加不满的方向发展。只要你有梦想，有为实现梦想而努力的永恒动力，你的梦想都是可能实现的。该勇敢时无畏，该放手时无悔，一路走来，这才是潇洒的人生。"良好的心态、积极的情感、优雅的气质会为你带来众多的"粉丝"和尊重。

老师们，作为教师，理应受到社会尊重，让我们牢记以上几点，首先自重。让我们呼吁：当老师，就当一个受人尊重的老师！

站着上课是一种幸福

针对有的教师教学行为不规范——坐着讲课的现象，校长寄心语一篇：

站着上课是一种幸福。

站着上课，才能体现教师的儒雅风度、洒脱风采、睿智风范，言谈举止令孩子们崇拜，的确幸福。

站着上课，才能体现生命的活力，看看那些想站却站不起来的人们，我们多么幸运，所以幸福。

站着上课，才能走近学生，融入课堂，与数理接轨，思维张扬，体验孩子探究的快乐，感觉幸福。

站着上课，才能与文本对话，心灵碰撞，课堂成为难忘的生命历程，甚是幸福。

站着上课，才能踏进新课程，头顶新理念，做一名新型、现代教师，与时俱进，格外幸福。

站着上课，是对学生的尊重，尊重别人，别人更会尊重我们，受到尊重，当然幸福。

站着上课，是一种文化和涵养，责任和使命，能肩负责任的人，累却幸福。

纪律和尊重

纪律是一个集体具有战斗力的保证。古往今来，哪个神勇的部队没有铁的纪律？

纪律，看似冷酷、呆板，实际上它是一种和谐，是一种静邃的旋律美。

当今时代，党政、企业、学校等都提倡"人本"理念，其实以人为本的实质离不开两个字——尊重，人与人之间的相互尊重。

尊重不是一句空话，如果每个人都能遵循自己集体的纪律，那就是做到了最起码的尊重。领导以身作则是对员工的尊重，员工自觉自励是对工作的尊重。单位尽可能营造宽松环境是对员工的一种尊重，员工在宽松的基础上拖延是对集体的不尊重。

其实尊重很简单，用心去善待、礼遇别人，自觉一点，为大局着想一点，这就是一种最可贵的尊重。

纪律是一种井然的美，尊重是一种人性的美。

相信我们学校凭自觉、讲尊重的管理理念能给我们带来好心情，能身教我们的学生，能使我们的学校走向成功。

师德引领，做好特殊时期的稳定工作

2000年是我当校长的第一年，乡镇教育工资不能按时、足额发放，教师队伍极不稳定，给学校管理带来难度。

一、影响教师队伍稳定的主客观因素

1. 教师工资不能全额发放、城乡存在差别是乡镇教师产生情绪、抱怨工作的主要客观事实。

2. 周围部分行业人员、农村外出务工人员收入的升高，社会部分人尊师重教观念的淡化，是部分教师产生心理不平衡的因素。

3. 学校管理科学化、公平公正化、透明度存在问题，思想政治教育、学习氛围不浓厚，情感管理不到位，都是造成学校缺乏凝聚力的因素。

4. 部分教师受外界影响，人生观、价值观定位偏颇，不思学习，头脑空虚，意识落后，心理不健康，是教师不能爱岗敬业的主观因素。

二、稳定工作的几点做法、想法

1. 树立良好形象，廉洁勤政，以身示范，爱岗敬业，追求卓越，坚决不搞特殊，用高尚的人格感召、教育教师。

2. 坚持先进的管理理念，以人为本，情感管理，尊重人格，善意待人，公平，公正，创造宽松、上进、敬业的工作环境。

3. 以师德为首，以师德为本，加强师德建设，经常进行思想政治教育及事业观、价值观教育。

（1）开辟"第一小学不会忘记"宣传报道栏目，歌颂为一小做出贡献的教师事迹。

（2）每位教师办公桌上摆设"我是共产党员""我是县优秀教师""我是教学能手"等警示牌。

（3）开展"我的教育教学格言"征集评选活动，使每位教师有信仰，有追求。

（4）开展"本周形象教师"示范活动，学校有教师形象目标：讲自觉自尊，讲奉献无私，讲团结合作；精神气质好，师生关系好，课堂教学好，教学质量好；爱学校如家，爱学生如子，爱工作岗位，爱学习上进，爱科研探索。

4.走近群众，走进教师家庭，多交流，多倾听心声，多注意动向，及时发现问题，多付诸行动。创造性开展送温暖活动，为教师们多办实事、好事，精神上多安慰，物质上多供给。

5.带领教师加强师德学习，学习先进人物的事迹，学习他们的精神，学习先进的教育理念，充实教师的头脑，使教师认清形势，看到希望，明确己任和使命。

6.发挥党员、骨干教师的模范带头作用，弘扬正气，教书育人。

三、当好校长的思考

1.必须热爱教育工作，不懈追求，争取把自己的学校办成名校。

2.必须善于学习，终身学习，积极借鉴，敢于探索。

3.必须科学管理、规范管理、情感管理，有思路，有措施。

4.必须做人格的表率、上进的表率、奉献的表率。

5.必须深入群众，体贴群众，服务群众。

6.必须做好事业前景的演说者、激励者，让大家看到希望，鼓足士气。

校长，一定要有自己的办学理念

　　校长，一校之长，工作千头万绪——安全、学生德育、教师队伍建设、教学管理、校舍维护……什么都需要改进；各类检查、验收、争创……什么都需要准备；各类会议、事务……什么都需要参加。所以，如果一切都全身心投入，校长一定很忙，很累。

　　很多校长忙了很多年，也累了很多年，但学校没有什么起色，自己也没有得以专业成长，原因之一是校长没有清晰的工作思路和办学理念。

　　校长的理念不是一蹴而就的，它需在长时间的教育实践中不断反思、不断借鉴、不断升华而成。正确地说，校长的主要任务不是忙于事务，而是不断学习和思考，理清思路，做好领导和决策。

　　当有人问你当校长的办学理念是什么，你一片茫然的时候，你应该反思了！没有目标、没有策略、没有价值追求的校长会把全校师生带到哪里去？

　　一所学校，校长是魂，是向标，校长的理念直接决定办学的品位。当校长的理念经过智慧的工作在师生身上得以体现的时候，学校已经向成功迈进！

提升品质，走向成功

古今中外，成功的人很多，盘点他们的品质会发现有很多共同之处，现归纳几条，让我们共享共勉，也许对我们的教育走向成功有些帮助。

一、敬业精神

这是最根本、最难得的品质。敬业，顾名思义是对事业的敬重，把平凡的工作当成事业本身就是一种境界，对其敬重更是一种信仰。敬业不是一时的冲动，它需要常年如一日，勤勤恳恳，无怨无悔。

二、团队精神

新课程强调合作能力的培养，现在社会更需要有合作意识、具备合作能力的人才。作为教师，应该维护所在学校的形象，与学校同命运。请相信，学校的平台高，教师发展的平台才会高。

三、自动自发地工作

教师工作的质量不但影响到学校的办学水平，还会影响到自己的发展。从某种意义上讲，工作是为自己干的，不是为了别人，所以为了自己的人生价值，请主动做事，把事做好。

四、不找任何借口

借口都是推卸别人和劝慰自己用的。成功的事例告诉我们，通往成功的路上没有借口，只有付出和智慧；没有理由，只有执行力！

五、从不抱怨

人生是一段旅程，是从青涩走向成熟的过程，而真正的成熟是从不抱怨开始的。

六、注重细节，追求完美

完美是一种品质，追求完美是一个人对事业一丝不苟的态度。把平凡的小事做到最好，把普通的工作做到极致，在时间长河中，你不知不觉地就会走向成功。

定位决定工作质量

一则寓言：

大森林里，一只狐狸追一只兔子，兔子拼命奔跑，最终逃脱。别人问兔子："按理说狐狸的速度要比你快，可是为什么没追上你？"兔子说："狐狸追的是一顿饭，我跑的是一条命呀！"

兔子的回答给了我们深刻的启示：同样是奔跑，意义不同，速度也就不同。

这让我想到了我们从事的教育工作。

如果是为了工资，为了"一顿饭"，我们工作的"速度"一定不会太快，因为我们教育实行的是职称工资制度，吃的是"良心饭"，同一地域、相同职称、工龄相仿，工资相差无几，也就是说，"速度"决定不了工资的多少，为工资而工作的人自然没有了"奔跑"的动力，自然也没有了"速度"。

如果是为了自己的教育理想，为了责任而工作，"速度"就不可想象了，因为信仰、信念的力量是无穷的，是没有极限的！它能使人精力充沛、乐此不疲、充满希望地去追求，去挑战。为了生命的意义而工作，定位生命的高度，你会全身心投入，幸福着教育的幸福，快乐着成长的快乐，教育的智慧也因此如影随形，工作的质量也就展现出极致卓越。

有人倡议不为薪水而工作，有人可能会笑，但只为了薪水而工作，我们的教育之旅会贫瘠苍白。

定位决定工作的质量！

第一小学不会忘记（节选一）

    第一小学的昨天，是你辛勤的汗水；第一小学的今天，是你忙碌的身影；第一小学的明天，是用你的信念支撑。你的付出永远写入第一小学的奋斗史，第一小学怎会忘记：程美香老师孩子的后背严重烫伤，但她没耽误学生一节课；司景霞老师家中盖房没请一节假；王志刚老师献完血没休息一小时就去上课；田国军老师患类风湿关节炎，依然蹒跚着上每一节课。

    平凡的工作，伟大的人格，第一小学不会忘记！

第一小学不会忘记（节选二）

学校德育室摆满了荣誉奖牌，省级的、市级的、县级的都有。

望着它们，我内心很欣慰，但更多的是感激！

每一块奖牌都映着一幅幅感人的情景图，都饱含着太多的付出和艰辛。

真心感恩我的老师们——是大家的团结，是大家的不懈劳动，给学校带来了荣誉和口碑！

近几年，学校走上了良性的发展轨道，各种荣誉在团队的汗水中纷至沓来，但学校真正实现关键一跃是在2006年。

2006年，县教育局组织了小学五年级教学质量检测，我校在全县70余所小学中获得了第一名，2007年这级学生又一次取得全县第一名的成绩，这一成绩让整个团队豪情满怀、自信满满，也引起了各级领导的关注。随着创建滨州市教学示范学校的成功，一家人开始了追求卓越的历程，同舟共济，永不满足……

第一小学不管到什么时候都不会忘记连续两年成绩全县第一、给学校带来崭新发展机遇的任课老师们：

程美香、劳桂青、马健美、司景霞……

我幸福，我是第一小学的教师

　　我幸福，我是第一小学的教师，因为这里承载着我的理想，这里诉说并记载着我的成长。

　　我幸福，我是第一小学的教师，因为这里有我亲如兄弟姊妹的同事，这里有我牵肠挂肚学生的目光。

　　我幸福，我是第一小学的教师，虽然我很平凡，但我的激情在这里燃烧，我的记忆在这里终生难忘。

　　我幸福，我是第一小学的教师，虽然我很普通，但我的青春在这里潇洒流淌，我的奉献在这里熠熠闪光。

　　多少个日月轮回、寒暑冬夏，我们一家人手拉手，无怨无悔，迈着共同的步伐。

　　多少个日日夜夜、风雨春秋，我们一家人心连心，埋头苦干，朝着共同的方向。

　　办公室，我们精心备课，认真反思，批改作业，交流思想，忙碌中感到充实，充实中感觉幸福。

　　课堂上，我们组织教学，合作探究，文本对话，心灵碰撞，每节课都是生命的一段历程，每段历程都有孩子灿烂的阳光。

　　2006年，市级教学示范学校验收，我们众志成城，提升自我，敢于超越，课堂教学中不断闪出智慧的火花，给各级领导留下了深刻印象。

　　2006、2007年，我们聚焦课堂，知难而上，追求卓越，一家人创造了质量检测连续两年全县第一的辉煌。

　　2008年，市级规范化验收，一个月的打造，一个月的心血流淌，我们的青春在品牌文化建设中闪耀。

2009年，省级语言文字规范化验收，我们不等不靠，练普通话，写规范字，共同谱写了第一小学自强不息奋斗的乐章。

2009年，我们学校出了一名山东省优秀教师，我们自豪，我们欣慰，我们懂得只有付出才会有收获，成功需要肥沃的土壤。

2010年，春的脚步刚来，阳信县素质教育示范学校的光环已照在我们的肩上，我们明白，一肩是责任，一肩是荣光。

我幸福，我是第一小学的教师，虽然有时会抱怨工作的苦与累，虽然有时不堪工作的烦琐与细碎。

我幸福，我是第一小学的教师，抱怨过后，我发现我的学校在日益美丽中改变着模样。

在这里，我感觉到了尊重的神圣，尊重是一个微笑，尊重是一种信任，相互尊重中，我体验着幸福。

在这里，我们爱学生，爱同事，爱一草一木，给予别人爱，享受别人的爱，其乐融融，我感觉到了爱的力量。

在这里，我感受到了工作的愉悦。每天清晨，我走进校园，沐浴着刚刚升起的朝阳，呼吸着新鲜的空气，我知道每天都是一个特殊的日子，特殊的日子应该幸福。

在这里，我感受到了成长的快乐，自己业务素质不断提高，学校荣誉纷至沓来，春雨过后，我听到了自己和学校一起成长的声音，使我对第一小学的明天更加向往。

在这里，同事关系和谐，师生关系和谐，课程开设和谐，个人成长与学校发展和谐，和谐是我们的主旋律。

在这里，充满了友情和真诚，我和你，你和他，彼此理解，互相宽容，我们知道温暖能医治世界上的一切创伤。

因为我们坚信团结能把江河汇聚成大海，追求能让我们的学校扬帆远航。

因为我们坚信尊重是一种境界，更是一种涵养；和谐是一种理性，更是一种战无不胜的力量。

洋溢尊重、和谐发展是第一小学永恒的奋斗目标。

激情工作、快乐成长是第一小学昨天、今天和明天走过的路和想走的路的方向。

我幸福，我是第一小学的教师，我的学校越来越和谐，越来越美丽。

我幸福，我是第一小学的教师，因为我在学校的怀抱中教书育人，桃李芬芳，不断成熟，专业成长！

我幸福，我是第一小学的教师，我热爱这里的学生，这里承载着我的梦想！

让正气成为学校的文化主流

  风气，是一个团队价值取向、人际关系、工作氛围等长时间的积淀。风气一旦形成，将统领整个单位的工作、生活状态，将决定这个单位的工作质量。

  学校，是生命成长的地方。生命之成长更需要甘甜的雨露、雅馨的清风，需要善良、真诚、宽容、理解、合作、正义、勇敢、执着……

  校领导要率先垂范，干事创业。"其身正，不令而行"，干事的领导才有生命力、感召力。

  校领导要善待教师，尊重教师，爱和尊重是一种理智的、大雪无痕的管理，老师们渴求的是自己的价值得到认可，自己的人格受到尊重。

  校领导要勇敢，要坚持正义。校领导要努力做到公平公正，因为正义是一种力量，公正的机制是催人奋进的力量。校领导要勇敢，大是面前讲原则，大非面前不容忍，不能让歪风邪气乘虚而入。

  教师要积极、乐观、上进。追求是一个人生命的动力，事业的追求是一名教师精神的寄托，每天微笑着上课，开心着工作，执着着追求，一定很幸福，也一定给周围的人带来幸福。

  教师要顾全大局，团队至上。学校是一个团队，需要互相理解和支持。每个人都爱这个团队，学校才有凝聚力和战斗力。同时不要忘记，学校的平台高，其成员才有更多更好发展的机会。

  一所学校，如果正气成了文化的主流，那这所学校将所向披靡，战无不胜！

责任，让学校如此美丽

清晨，阳光是那么明媚！

7：30，刘树芝、崔国东老师已经在大门口执勤，迎接到来的孩子们，映着师生灿烂的笑脸，学校是那么美丽！

7：50，家离学校20里泥泞路的杨建军老师在指导学生打扫卫生区，随着师生身影的晃动，学校是那么美丽！

大课间，集体舞、跳皮筋、跳大绳，李佃霞、张四、齐国娟等老师加入孩子们的行列中，跳着，笑着，伴着优美的节奏，学校是那么美丽！

教室里，崔爱珍、劳桂青、司景霞、郑爱平等老师认真地讲授着，在民主、尊重、高效的师生互动中，学校是那么美丽！

二年级的教室里，地面是那么卫生，用具摆放得那么有序，在孩子们优秀习惯养成的衬托下，学校是那么美丽！

办公室，张洪新、齐国娟整天忙碌着，在他们的引领下，学校是那么美丽！

班会上，程美香、毛香美等班主任在给学生进行思想教育，在循循善诱中，学校是那么美丽！

放学了，师生离去，宋延忠主任还在校园巡视着，看看门窗是否关闭，在熟悉的脚步声中，学校是那么美丽！

美丽的画面，源于良知，源于责任。

原来，是责任让学校如此美丽！

关闭手机，竟如此之难

"请把手机关闭，或调到静音状态。"会议开始前，主持人一般会如此要求。

会议进行中，手机铃声突然响起，我想大家是非常不欢迎的，不管发言者，还是听会者。

但这种现象又是屡禁不止，如我参加的各类校长会议（县业务会议、市校长培训、省提高培训等）上就会有电话铃声响起，甚至还有人旁若无人地接听和交流，我想，校长的确很忙，但他在自己学校里是怎么要求老师们的？

调到静音状态，用不了几秒钟，为何执行起来如此艰难？

有人说，一个又一个的好习惯往往会铸就成功。我想，反之亦然。

还是提醒大家，开会时，请关闭您的手机铃声。

教师不会"被成长"，学校不可能"被发展"

新课程改革与素质教育的实施让我们直面两个话题：教师专业成长、学校科学发展。

而教师如何成长、学校怎样才能发展又是我们不断聚焦、不断研究的课题。

毫无疑问，影响教师个体成长、学校自身发展的因素诸多，科学的管理机制、优良的成长环境、独特的发展机遇会对教师与学校起到积极的促进作用。

但有一个优质的成长、发展环境就能解决问题吗？答案显而易见，因为我们大都清楚，成长和发展的关键还是靠主体本身。

很幸运，我校被确定为山东省"1751"改革创新工程项目学校，成为全省教育科学发展的实验基地，教育厅将组成专家团队对我校进行跟踪指导、帮扶，我校的发展与教师的成长将迎来一个崭新的机遇。

我们下一步就等着、靠着、依赖着专家组吗？有他们的指导就能坐以待胜吗？

张志勇副厅长讲道："学校不可能'被发展'！"反复斟酌，这句话是多么经典！学校没有自身的办学思想、愿景追求、不懈努力、主动发展，只依靠外界因素不可能走向成功。

　　同理，教师的工作环境、成长机遇再好，自己没有追求，没有反思与提升，没有付出与执着，不可能"被成长"。

　　让我们牢记我们学校的教师誓言：自觉自尊，自主自发，精心教书，潜心育人，科研探索，把常规做到极致，把工作落实完美，锤炼我们的智慧，成就我们的人生，让生命与使命同行！

　　教师需要自主成长，学校需要主动发展！

努力让自己有一个好的口碑

卢志文校长曾说，荣誉的90%是口碑。

作为一名教师，都想用各类荣誉、表彰证实自己，无可厚非，但随着岁月的流逝，再大的光环也会渐渐褪色，而只有一种东西能伴随人的一生，不管是好的、不好的，它都会与一个人如影随形，那就是口碑。

对一个教师的评价不在于多少证书、什么职位，而往往体现于他的口碑。

荣誉多、权力大不一定有威信，而有威信一定有一个好的口碑。

所以，作为教师要时刻提醒自己：我要努力让自己有一个好的口碑。

好口碑，来源于人品。真诚对人、宽容待人、实在做人是起码的底线，大智若愚是一种境界。

好口碑，来源于努力工作。付出会赢得尊重，身边有威信的教师都是工作勤恳、持之以恒的人。人们会觉得努力工作的人身上有一种正气，有一种感召的力量，从而愿意接纳他，亲近他，尊重他。

好口碑，来源于自身作风（包括工作和生活作风）。工作作风扎实，雷厉风行，追求卓越，是获得好口碑的基础。而生活作风更不可小视，教师理应为人师表，作风正派，社会也对教师的职业道德提出了比其他行业更高的要求。

好口碑，来源于博学多才。终身学习的时代已经开始，要多学习，多实践，使自己不断成长。好的教学基本功、优质的课堂教学都会赢得学生和同事的尊重与认可，从而获得威信和口碑。

在劳累中寻找工作的幸福

　　幸福是一种感觉，是一种心灵的满足。你自己感觉幸福，你就幸福，哪怕你遇到不幸的事；你感觉不幸福，你就不会幸福，哪怕别人已经都羡慕你。幸福，不是别人给你的，是自己内心经营来的。

　　我们学校事务很多，上课、备课、教学反思、听课评课、教研活动、开会、迎接检查、班级管理……如果你只是例行上班，没有什么追求，那么你每天只会焦头烂额、疲惫不堪；如果你有自己的工作价值追求，有自己的精神信仰，那么你有可能感觉身体酸痛，但你乐此不疲，意深气顺，当然更会有幸福的感觉。

　　经过我们大家的共同努力，尤其是近几年的不懈努力，我们学校取得了越来越多的成绩，走在了全县小学的前列，严格地说是我们的全体老师走在了全县的前列。上学期市规范化学校、市依法治校示范校的奖牌饱含着大家的付出和汗水，这些成绩不是哪一个人的，而是大家的荣誉，这些荣誉也将给大家的专业成长带来很多机会。

　　开学伊始，各类检查很多，本职工作更是繁忙，每个人都很劳累，但我们要相信，健康工作本身就是一种幸福，我们处在一个集体中，应该适应环境，以积极向上的心态来对待工作，对待任务，自寻工作的乐趣。心理劳累很可怕，我们必须调节好自己的心态，幸福工作，快乐做事。

　　开学以来，老师们工作热情高涨，涌现出许多优秀教师，李佃霞、崔国东等老师在各方面都体现了第一小学教师的精神。相信我们的学校在大家的努力下会越来越好！

　　在工作中寻找幸福，在工作中实现价值，让我们共同努力！

某中学体罚学生事件的反思

　　老师们，班级必须有纪律，学习必须有纪律，但管理并不等于体罚，很多体罚事件调查到最后，大家都觉得可惜，都觉得被调查老师工作很认真，很负责，但就是为了工作酿成终身遗憾。老师们，我们必须要善于克制。

　　老师们，相信我们学校没有类似事件，如果有，我们下不为例。把孩子送到学校，如果家长在家时刻牵挂，那是我们学校的悲剧！

　　卢志文校长说，荣誉的90%是口碑，我们学校的奖牌再多，成绩再好，也不等于荣誉的全部，不要忘了家长的口碑和评价。

我们要做学校的主人

　　有这样一则故事：餐厅内，一名工人除了喝自己厂子生产的啤酒外，拒绝喝其他品牌的啤酒。

　　老师们，一个普通工人能够这样热爱自己的企业，真正把自己当作企业的主人，靠的是什么？奖金？制度？都不是，他靠的是一种凝聚力，一种境界！

　　我们不用到这个工厂去看就可以断定这是一家很好的企业，因为他们有很好的精神面貌，有很好的企业文化。

　　由此想到学校文化，学校文化需要的正是啤酒厂工人这种凝聚力。学校文化的精髓是全体成员的共同愿景、共同价值观和共同的精神追求。

　　主动捡起一张废纸，跑过去关紧水龙头，关好被风吹开的门窗……这些平凡而亮丽的风景才是最美的学校文化。

　　老师们，再想一想企业文化，阳信联华超市、滨州银座，统一的服饰、姣好的身材，但这都是外显的、表面的东西，不是企业文化的核心，他们真正的文化是规范的言行、热情的服务——这些看起来很容易，但是很难持之以恒做到的事情！

　　作为学校，如果其成员都为一个共同目标而努力，把学校的成功都当成自己的责任，那就是一所战无不胜的学校，就是一所有文化内涵的学校。

　　靠一个人或部分人努力，学校不会成功，让我们每个人都向啤酒厂的工人学习，热爱我校这片盐碱而充满生机的土地，共同缔造我校充满知识、流露激情、洋溢人性的学校文化！

校长要担当表率，要凝聚力量

在我的意识中，校长不单单是一个职位，更应该是一种责任：担当表率，凝聚力量。

担当表率，是一种人文管理。校长利用自己的人格、工作态度和行为来影响、带动教师团队比发号施令强出百倍。

其实教育就是一种影响，教师每时每刻都影响着学生，同样，校长的行为直接影响着教师，是潜移默化的影响。

我认为，作为校长就应该走在最前面。每天早上校长应该第一个到学校，学校里如果只有一个人全勤，这个人就应该是校长。在考勤、敬业意识、工作干劲、教育理念等方面，校长都应该做到最好，只有这样，才会产生正面效仿，才有可能引领团队走向卓越。

校长一定要"三省吾身"，注意自己的形象，因为教师们时刻在向你看齐。

凝聚力量是校长工作的关键内容。当和谐、尊重、正能量洋溢校园，宽容、幸福、追求溢满心胸，学校成了教师成长的平台和心灵家园，教师们有共同的价值取向，有质朴的教育情怀时，这所学校将呈现生机，创造奇迹，学生习惯、课程开设、课堂效益、教育质量往往会水到渠成。

校长要注重正能量的打造，积极建造教师的精神家园，用文化的积淀和传承教育人，引导人，激励人，努力打造超凝聚的团队。

每日校长心语

每天给领导班子和学校中层发一条飞信，难免打扰大家，但希望送去清爽，共励共勉。

1. 新春的到来总会赋予人们新的憧憬和向往，也必将孕育着劳店镇新一轮课堂教学改革的生机和希望。

2. 当自主、合作、探究成为课堂的主旋律，课堂就会成为学校最美的风景。

3. 我们要敢走别人没走过的路，敢干别人没干过的事情，敢创造别人没创造的奇迹。

4. 每天早上不到7：00，劳店中学的领导和班主任就陆续开始了一天的工作，不是规定，而是自觉自发，向他们学习和致敬！

5. 世上只有想不通的人，没有走不通的路。

6. 对同事有敬重的心，对环境有感恩的心，执着地去追求，宗教信仰般去工作，幸福就会自心而生，成功随即扑面而来。

7. 好学校不是管理出来的，而是领导出来的。

8. 与岁月一起流逝的是希望，与岁月一起增添的还是希望。

9. 当一名校长，教师素质差不是你的错，但是他们素质不提高就是你的错。

10. 千万不要把自己太当回事，千万不要把自己不当回事。

11. 把自己的设想变成现实是一件美好的事情。

12. 教育干部应该是举着火把在教师前面奔跑的人。

13. 成就一所学校的是长期的文化积淀，毁掉一所学校则只需要校长错误的管理理念足以。

14. 改革裹足不前，我们不要纠缠于在技术上找问题，最关键的还是思想方面出了故障。

15. 又是一个新的开始，又是一个崭新的希望，让我们仰望星空，脚踏实地，落实常规，聚焦课堂，幸福地工作，美丽地工作，智慧地工作。

16. 扎实落实常规管理，关注细节，致力打造校园整洁、习惯良好、理念新颖、行为积极、材料充实的学校管理环境。

17. 优于别人并不高贵，高贵的是优于过去的自己。

18. 作为学校领导，一项重要的职责是呼唤教师的专业自觉，引领教师专业成长。

19. 班会上的说教远不如与学生同读一本书。

20. 课堂教学改革需要勇气，需要付出和不懈坚持。

21. 任何工作优秀的人，并不是他的工作天赋、能力高人一等，主要是他的付出比别人多，他的工作时间比别人多，他的追求比别人强烈。

22. 要想让这个地方不长草，最好是在这个地方种庄稼。一个人的大脑，积极的东西不去渗透，消极的东西就会乘虚而入。

23. 把精细化内化为一种学校品质，让精细化与学校发展一起舞动。

24. 精细化管理应该实践于平时的工作中，绝不是校长论坛上的承诺和表述。

25. 激励别人、服务别人、引领别人、成就别人就是最好的管理。

26. 改到深处是制度，管到极致乃人心。

27. 其实尚方宝剑的作用在于有，而不在于用，悬而不用乃为至用。

28. 对学生来说，没有经历毕业典礼的教育是不完整的，任何学校都不例外。

29. 警钟长鸣！昨天上午甘肃省正宁县发生幼儿园校车被撞事故，当时19人死亡，17名是儿童。教育部当日发出紧急通知，要求各地教育部门和中小学幼儿园立即开展对中小学生和幼儿上下学乘车安全情况的排查。

30. 反思、共勉：世界上只有一件事是注定要吃亏的，那就是发脾气。

31. 一种敬业的责任感和对事业的忠诚感一旦养成，会让你成为一个值得信赖的人，可以被委以重任的人。

32. 学校里，领导班子应该带领教师读书，教师应该带领学生读书，让读书成为一种生活常态，成为最美的生命姿态。

33. 大多数人不愿意被管理，但愿意被领导。管理靠的是制度与规范，领导靠的是自律、垂范与点燃。

34. 管理的90%是激励，成功的90%是坚持。

35. 没有课堂、课程的改革就没有学校的实质变革。

36. 没有坚定的信念、强硬的措施和大刀阔斧的行动，课堂教学改革只能是一句空话。

37. 要想成长，知识面前永远谦卑。

38. 天行健，君子以自强不息；地势坤，君子以厚德载物。

39. 让我们凝心聚力，坚定前行，把平凡的事情做经典，把简单的事情做精彩。

40. 细节决定教育成败，细节滋养教育智慧，让细节演绎教育的精彩!

41. 把常规做到极致需要的是坚持、再坚持!

42. 教育应该少点功利，多些责任；少点形式，多些坚持。

43. 没有课前的胸有成竹，哪有课堂的游刃有余？

44. 修炼内心的定力，战胜懒惰、自私、懦弱和急功近利。

45. 一项必需的工作：抓紧落实! 一拖再拖反映的是思想的麻木和执行力的欠缺。

46. 事实上，真正能让我们快乐幸福的东西却是完全免费的，比如爱、欢乐和工作的激情。

47. 走在一起是缘分，一起在走是幸福。

48. 当你信心百倍时，别人看到的是光芒万丈的你；当你沮丧消沉时，别人看到的是一个没有担当、不值得托付的你。

49. 伟大的作品不是靠力量而是靠坚持完成的。

50. 质量是学校的生命，抓质量首先抓管理，抓管理首先抓人的管理，抓人的管理首先抓人思想观念的管理。

51. 什么是领导？问题到你面前即到此为止的人。

52. 目前，精细化管理，中小学幼儿园还远远不够，请各位校长、园长以校为家，夙夜在公，全身心投入学校管理。我们需要的是从小事做起，立刻去做！最让人害怕的就是头脑的麻木和行动的迟缓。

53. 警钟长鸣，关注师生生命安全；追求卓越，聚焦教育教学质量。

54. 有些人头脑中只有问题，没有解决问题的方法，问题永远存在，这是抱怨者；有些人能看到问题，并同时思考出解决问题的方法和路径，这是管理者；有些人在问题出来之前就把问题消灭掉了，这是智慧者；有些人没有问题，却自己创造了一些问题，这是庸人自扰。

55. 一所学校，最可怕的是校长的倦怠和麻木！

56. 想把家庭照顾得无微不至，还想把工作做到极致，是很贪婪的想法。

57. 在学校遇到大大小小的具体问题和困难时，校长首先要思考如何在制度或机制上加以解决，而不是依靠行政力量或动用人际关系的力量来解决，然后思考这样的制度或机制是否体现了文化的内涵。

58. 校长要牢记：如果你觉得自己还很嫩，你将继续成长；如果你觉得自己已经成熟，你将开始腐烂。

59. 校长提前研究任务，做好分工，宏观调控，那是本职；校长不管不问，推给下属，还要求高效，那是失职！

60. 开会了、安排了不叫落实了，行动了、改变了、有成效了方为落实了。

61. 把一所学校搞坏，校长一个人就足够了；把一所学校搞好，仅靠校长是远远不够的。

62. 所谓教育，是忘却了在学校学得的全部内容之后所剩下的本领。

63. 目中无人、不可一世、言行傲慢乃做人尤其做领导之大忌也。

64. 如果我们把全部心思用到自己的工作上，时间长了，学生就会爱戴你，家长就会信赖你，同事就会尊重你，领导就会器重你。

65. 工作态度能反映一个人的人品，我能力可能不如别人，但我的态度一定要做最好的，这也是每个人都能做到的。

66. 没有自己的思考、思想和思路，每天就是忙忙碌碌，晚上睡觉时也会感到内心很空虚。

67. 体罚或变相体罚学生是一名教师没有爱心的表现，没有爱心的教师永远成不了第一小学最优秀的教师。

68. 学校工作千头万绪，但其主线应该是课堂教学，其最终目的应该是教育质量。

69. 主动捡起一张废纸，跑过去关上被风刮开的窗子……那是最美的学校文化。

70. 理想的团队应该具备像鹰一样的个人能力，像狼一样的团队精神。

71. 我们都要树立理想并为之奋斗：我们要做全县一流学校的教师！

72. 自觉，是一种涵养；自尊，是一种素质。第一小学的每个人都要坚持自觉和自尊。

73. 如果你能幸福着同事的幸福，快乐着学生的快乐，光荣着学校的光荣，那么你一定是一位受人喜欢和尊敬的成员。

74. 幸福靠自己内心经营，年轻靠自己心态保持，成功靠自己汗水付出。

75. 让责任、尊重、自觉、追求、和谐成为我校风气的关键词。

76. 一个想干一番事业、想干出成绩、想实现自己人生价值的人就应该主动做事，把事做好。

77. 为工作量大找领导、为自己成绩差找理由的人，领导可能碍于情面照顾了你，但你在领导心目中的印象又添了一个败笔。

78. 发现不了问题就是最大的问题。一个班主任、一位学校领导，如果对身边的坏现象、坏环境、坏习惯熟视无睹，那么你本身便存在很大的问题——你没有投入，你没有追求。

79. 工作精细化应该是好学校的共同特点，应该是好老师的相同之处。细节决定成败，从别人不屑于做的小事做起，日积月累，你就会成功。

80. 落实是最关键的环节，一个学校、一个班级、一位教师工作的好坏，关键看落实程度。我们不缺少理念，缺少的是落实、再落实，付出、再付出。

81. 激情是一种可贵的工作品质，没有了激情，没有了兴趣，没有了创造，就没有了能量和动力，有的是疲惫，有的是倦怠，有的是烦躁和敌对。让我们洋溢尊重，激情工作。

82. 热爱学校，热爱学校的每一个人，是作为一个学校成员的高尚境界，我们每个人都需要潜心修养。

83. 大家共勉：校长手里不应该拿着鞭子，而应该高举旗帜，走在前面。

84. 在工作中培养激情，在激情中愉快工作，提高的不仅仅是工作质量，还有人生的境界、做人的价值。激情的工作成就着我们的事业，而激情的人生将使我们得以永恒。

85. 我们可以不是诗人，但一定要诗意地生活；我们可以不是专家，但一定要专业成长。教师如此，校长亦然！

86. 在学校里，一个人如果没有追求，凡事无所谓，这个人最起码不适合当校长。

87. 教育不是传授，而是唤醒；教育不是把水缸注满，而是将心灵点燃。

88. 从自己的过失中汲取教训是聪明，从别人的过失中汲取教训是智慧。

89. 把常规做到极致，本身就是一种享受，成功也因此如影随形。

90. 学校领导成员的威信是由自己的品格、才能、知识、情感等因素构成的，其中良好的品格使人产生敬仰感，杰出的才能使人产生敬佩感，丰富的知识使人产生信赖感，饱满的感情使人产生亲切感。

91. 学校领导：多一点诚心实意，少一点权术玩弄；多一点平易近人，少一点架子摆弄；多一点服务意识，少一点图恩图报。

92. 任何改革只有对想改革的人才有意义，任何工作安排只有对想干事的人才有价值。

93. 学校教学质量好的具体体现：教学成绩好，学生各方面能力强，课堂教学水平高，教科研工作有突破。

94. 任何学校的成功都是从课堂教学的改革开始的。我们每一所学校都要在课程落实上创特色，在课堂教学上形成自己的模式。

95. 我们要把自身的专业发展作为人生追求，用阅读滋养生命，用聆听触动灵魂，用实践创造价值，不断拓宽教育生命的宽度。

96. 在济南挂职的田校长和老师们当天就写出学习日志通过平台发回学校，写出了内心的感受和感悟，请大家学习他们这种做法和态度，外出学习就要珍惜机会，努力提升。

97. 一定要善待自己的学生，因为教育首先应该是一种呵护，接着是一种唤醒，紧接着就是一种心灵的点燃。

98. 形成本校的教学模式是一所学校课堂教学走向成熟的标志，而这一切取决于校长和主任的付出和引领。

99. 如果把校长工作看成一种事业、一种追求，便会发现我们学校里不完美的地方、需要我们改变的事情太多太多。

100. 期中考试已经结束，请各单位认真分析，文化课成绩虽不是学校水平的全部，但它是基础和底线，它是反映一所学校的教风、学风是否纯正的重要指标。

风从东方来

今天，中心校继续学校期末联检，到了劳店最南面的学校——东风小学。

多种原因导致近几年该校管理水平排在了全乡的末位，风气乱、校舍陈旧、教师老化、交通不便是人们对东风小学的印象。

去年暑假，学校领导班子调整，中心小学的教导主任王志刚被调来担任该校校长。对于王志刚，大家有口皆碑。在中心小学任教导主任一干就是8年，埋头苦干，工作有思路，有激情，不求回报，从不抱怨，用自己的人格感召着全体老师。学校教学工作在他的带领下有了质的突破，连续被评为市教学示范学校、县校本教研示范校和省语言文字规范化示范学校，他个人也因成绩特别突出被评为山东省优秀教师。

任命王志刚来当校长，全乡的教师都双手支持，大家说王志刚准能把东风小学管理好。

检查组成员开始分头工作，我在校园内巡视着，亲身感受着东风小学的变化。粉刷一新的墙壁，以弘扬师德、励志爱国、感恩父母为内容的外显文化，师生动手设计的丰富多彩的班级文化，让学校充满了生机和活力。大课间统一的号令、整齐的课间操、《游子吟》的全校齐诵、童声稚气的校园广播、各班的粉笔字训练校本展示、井然和谐的办公秩序，这一切把学校打造成了真的学校！

在校长室，我看到了学校印制的3—6年级课外阅读笔记，内容充实而实用。我想，改变一个学校，校长是多么的关键！东风小学虽然刚刚起步，但我看到了它强大的生命力。

我又一次感悟到，卓越的背后是艰辛，充满激情、主动自发地工作才会创造奇迹。

为了谁

　　3月14日至15日，我们一行5人参加了在济南长清组织的省"1751"工程第二片区小学段校际联盟教学研讨交流会，会上，又见到了省课程中心专家张晓峰书记——慈祥、敬业的老人。

　　与张书记是第三次见面。去年5月，专家组来劳店中心小学进行学校管理诊断时认识了张书记，虽然仅有半天的时间，但他的和蔼、真诚让我倍感亲近，他的教育情怀和深邃的专业见解让我感触深刻。

　　张书记主持会议，这次参会的项目学校及帮扶学校有9个，我和其他项目学校校长分别做了汇报发言。张书记对每个学校的特色和基本情况耳熟能详，能呼出校长姓名，各校的优势不足他都把握准确，了如指掌，并娓娓道来，已是70多岁的老人，实在是不简单，让人感动。

　　与会人员观看长清实小的大课间活动，我在操场边被4000多人的课间操方队所吸引，动作的整齐有序、舒展和谐让我心潮澎湃。随着音乐的结束，队伍开始陆续返回，这时发现前面的张书记在招呼我，我赶过去，张书记语重心长地拍着我的肩膀说："回去后再去找你们王局长，催催你们学校的操场问题，

'1751'项目学校中你们小学是唯一没有操场的，我也会给你们局长打电话，最近我会到你们那里，还要找你们分管县长。"张书记边走边说，"这不仅是'1751'项目学校的要求，我以省教育督学的身份也要求你们一定有操场。"

吃完饭就要离会了，张书记还是没有忘记嘱咐我："你不光要把两个项目学校搞好，你要把你全镇的所有学校都带上去！"饭没有吃饱，我心中的压力却满满的……

在回来的路上，张书记的音容笑貌不时闪现，我也随之不时地感动和感慨：70多岁的老人，本应在家坐享清福，他却忙碌于山东的教育创新与改革，精神矍铄，摇旗呐喊，他到底为了谁？

随着汽车的颠簸，一种使命感、一种情怀溢满心胸……

我的感动充满了敬意

除了外出开会等，工作日我每天都在学校，和老师们、孩子们在一起。

当校长多年，不敢说自己多么敬业，但内心工作的激情高涨不退，整天为工作绞尽脑汁，在享受追求、收获之余，也时常身疲心累、心急气躁，但我心间总有一股热流在涌动，这股热流叫作感动——由老师们引发的心灵震撼。

学校师资紧张，本学年学校有4位女教师因刚满产假、需要休养、特殊情况等需要照顾，安排的工作量很小，不坐班；乡教学办公室的4位主任兼职上课，是一半的课时工作量。学校12个班，每个班平均1.7位教师。

课程方案是必须落实的，国家、地方、学校课程严格按标准执行，这就苦了老师们，大家周课时平均都在20节以上，这意味着每天大部分时间是站在教室里讲课。教案、笔记、反思、教育博客、会议、班级管理、观课议课、课题研究……就这样，很多老师晚上加班就成了必需的事情。

也时常听到老师们抱怨、说累，其实我心里清楚，也理解，但我看到的仍然是大家自觉自发地工作，忙忙碌碌，兢兢业业。

"五四"来临，刘淑枝老师主动找我说愿意组织一个庆"五四"教师趣味运动会，我欣然答应，但心里想：你不要太累啊！全校的体育课你一个人上，一上就是两个平行班，一周20节课。

在我们学校，这样的事情很多。

当走在校园里，看到老师们执着敬业地工作，我就涌起阵阵感动，感动里夹杂着敬意和热爱……

遗憾少了一次震撼心灵的机会

    本来现在应该在北京参加教育局组织的"三名"工程培训，但因为与省"1751"工程第二次会议时间冲突，领导让我放弃了前者。很是遗憾，细读"三名"培训报告安排，其中王建宗校长和高金英老师的报告去年聆听过，倍感惋惜的是错过了窦桂梅校长题为"震撼心灵"的报告。

    若没有变动，今天下午应该是窦桂梅校长的讲座时间。我想象着她那充满激情的演说，在百度上搜索着她的信息，进行"远程"学习。关于她的内容很多：有她的课堂实录、写作反思，有她的成长经历介绍和对她的评价，有很多人听她报告、课堂教学后的心得与感悟。我有选择地阅读、品味和学习，她那"激情与思想"的形象更加清晰。

    她是一位有激情的人，工作有激情，生活有激情，课堂、报告中激情的流露让人感受到她心灵的力量。她在文章中曾写：激情不是情绪，是热爱；激情不是激动，是持久。此言对我是极大的感召和鞭策。

    她是一位有思想的人。十年前"三个超越"在全国引起轰动，她对人生、工作，尤其语文教学有自己的思想哲学。她的语文课大气魄、大情感、大流露，能把文本背后的信息、情感博引刻画得淋漓尽致。她的课堂教学以及当了校长后的管理思想处处洋溢着人文情怀，流露着人性的真善美，品读她的博文便会感知。

    她的激情和思想来源于她的阅读，一篇报道她的文章题目就是"被阅读改变的教育人生"。她主张教师阅读，自己常年坚持阅读。她说阅读是最好的美容剂，能修身养性；阅读是最好的备课，大阅读才会"笑傲课堂，指点江山"，课堂上才会闪现智慧的灵感。她善于写作，笔耕不辍，记录生活、工作的点点滴滴，不断反思提升。

    她说："激情永驻，读书一生！"这是值得我践行的座右铭。

    不知她《震撼心灵》的内容是什么，遗憾自己少了一次震撼心灵的机会！

最美的风景在课堂

今天上午，随中心校科学实验抽测组来到路家小学，我随机来到二年级教室听了一节数学复习课，上课的是马希香老师。整节课我一直在思考，一直在感动。

感动这里良好的学习习惯。才是二年级的孩子，但全班每个人都在倾听、思考、表达，注意力是那样集中。孩子的坐姿、站姿、举手姿势自然、规范、恰当，孩子的语言表达流畅、大方、完整，孩子的作业书写工整、有序。我在这里深刻体会到一名优秀启蒙教师的巨大作用。

感动这里民主的学习氛围。在这里，孩子没有胆怯，有的是思维和表达；教师没有严肃和规范，有的是微笑和唤醒。马老师故意把一个知识点说错，问孩子们的意见，一个小家伙说："老师，你是在故意骗我们。"马老师说："你们现在有很多胜过老师的地方，比如电脑水平就比老师强。"一个女孩子马上说："老师，您老了。"多么可爱的孩子，多么感人的对话。

马老师是五十来岁的老教师了，但她善待工作，善待孩子，理念新颖，这节课也让我找到了她多年教学成绩优异的原因，加深了教学质量是优质教育的水到渠成的理解。

马老师即将退休，这把年纪的人再不会为优秀表彰而工作，她从事的是没有功利的教育，她的课堂也是良心的课堂。

的确，有时候我们不缺少理念，缺少的是教育的良知。

呼唤良知，呼唤最美的课堂！

呼唤每位教师的专业自觉

　　9月12日，高中小学分散研修安排部署视频会议上，张志勇副厅长的一句话——"呼唤每位教师的专业自觉"让我深有同感。

　　呼唤每位教师的专业自觉是一所学校发展的理性智慧。引领教师自觉地走专业成长之路，让其享受成长，感受成长的幸福，不但能提升教师的思想境界，提升教师的专业技能，充实其人生价值，更能为学校发展注入不竭的动力。

　　反思我们的现实，学校没有把教师的专业成长放在重要位置，口上重要做起来次要，学校办学不同程度地存在功利性，没有教师发展规划，没有科学机制引领，导致专业成长的氛围不能形成，教师专业成长甚至为的是证书、职称，成长自觉意识淡薄缥缈。

　　不尽人意的现状，责任在学校，关键在校长。首先是办学理念问题，缺少教师是第一教育资源的理解；再次是工作执行力不到位，往往缺少对正确事情的坚持，学习与反思不能自始至终，教师成长形不成一种文化和机制。

　　呼唤专业自觉是对教师职业幸福感和使命感的唤醒，需要校长的智慧、激情和点燃。

让教师读书是一件让学校美丽的事情

按照周计划，今天下午我邀请镇中小学9位业务领导到我办公室参加共同读书活动。

4:30，除一位主任有急事迟到外，其他人按时到达。我强调了两点，一是想通过这种集中的方式来倡导、呼唤教师阅读，因为没有阅读就没有真正的教育；二是请大家保持安静、放松的心情自由阅读推荐的文章和书目，不发言，不汇报，静静地阅读一个小时。

我为大家每人提前打印了一份荐文《教育因为阅读而美丽》，大家也把上学期的阅读书目《做最好的校长》带来了。

大家自由安静地坐在沙发上，端着书本和资料，很快进入了状态。办公室非常安静，只有翻书声、沙沙的写字声……

《教育因阅读而美丽》写得很好，主要阐述了阅读可以使人智慧，使人美丽，使人灵动，让人成长，文笔流畅，富有哲理，可以启迪教育人生；《做最好的校长》主要是昌乐二中赵丰平校长的文笔和观点，整本书字里行间激情四射，荡气回肠，一位"大气成就大器"的校长风尚表现得淋漓尽致，这本书对教育干部、教师、学生乃至任何生命的成长都充满激励和鼓舞，给人以深刻思考和积极向上的引领。

偶尔抬头，看到大家投入地阅读，心里丝丝欣慰，阵阵幸福……

的确，让教师读书是一件让学校美丽的事情！

校长带动教师读书，教师带动学生读书，让阅读成为师生的生活方式，让读书成为学校最美丽的风景……

我充满期待，更会不懈努力！

让生命快乐绽放

今天深刻意识到我们学校的一种不足：

课间操，按部就班，秩序良好，但总感觉缺少了一种东西，一种很重要的精神状态——快乐与活力。

课间操上，孩子们面无表情，动作机械，伸展的是无聊与无奈，没有微笑和青春的张扬。音乐结束，大家是无力气地列队集合，无生机地回到教室。

这样的大课间到底有多少作用？孩子们的身心得到休整并愉悦了吗？在这种氛围中成长的孩子将来会快乐和开朗吗？这样的校园记忆令人怀念吗？

反思我们的很多课堂，亦然。

教育，应关注生命，但很多时候我们恰恰忽略了，只讲究程序和规范，生命缺少了快乐与成长的呵护。都说学生是活生生的人，我们的学生"活生生"了吗？

尊重教育规律，让生命快乐绽放！

一个人怎样才能成功

翻看会议记录，自己曾记录一位领导的体会和感受："一个人怎样才会成功？一个人的成功需要三个因素，一是个人的努力，二是贵人的帮助，三是他人的监督。"细想起来，道理和韵味犹存。

个人的努力。一个人要想有所成就，离不开努力，要坚持不懈地努力，要俯下身子，踏踏实实，从把平凡普通的小事做好开始，把工作的事当成个人的事，不是为领导而工作，是为自己而工作，心里要有持之以恒的信念，要有高涨不退的激情，夙夜为公，乐此不疲，做不出成绩那才怪。

贵人的帮助。三分天注定，七分靠打拼。三分指的是机遇，机遇就包括人生路上的贵人之助，但贵人喜欢帮助努力的人，他帮助你是让你与他同路，一起向前，去共同实现一个理想，完成一项使命，所以人生路上要想得到贵人扶携，关键还是自己要努力。

他人的监督。生活与工作中离开了他人的监督与约束，人往往就会忘乎所以，时间久之，会惰性萌生，贪心渐起，失去斗志，忘记本色，所以每个人都要自觉接受外力监督，同时更要注意自己的内心修炼，严格要求自己，时刻提醒自己，做到慎独、慎己、慎言、慎行。

执行力是学校管理成败的关键

晚上整理办公室文件，无意间找出了文宝忠局长在2007年春节后全县教育工作会议上的讲话，16页的内容，我仔细地看了一遍，依然很感慨，受益匪浅。

会议的后半部分，他对全县教育干部提出了希望和要求，其中在落实执行力上他讲了一个故事：某大型国企因为经营不善导致破产，后来被日本一家企业收购，厂里的人都在翘首盼望日本人能带来什么先进的管理办法，出乎意料的是，日方只派了几个人来，制度没变，人没变，机器没变，日方就一个要求：把先前制定的制度坚定不移地执行下去！结果不到一年企业就扭亏为盈。文局长说："日本人的绝招是什么？是执行力！没有执行力就没有核心竞争力。"

一所学校的成功，很大程度上是它拥有强大的执行力。执行力是学校管理成败的关键。成功，5%在战略，95%在执行。从某种意义上讲，执行力就是任用会执行的人。

学校的每个成员如果按质、按量、按时完成自己的工作，那么这所学校就拥有了强大的执行力；学校的每个成员如果都想干事、会干事、干成事，那么这所学校就战无不胜，所向披靡。

感慨于文局长的肺腑之言和感召人心的工作激情。

继续扬帆远航

省"1751"工程第二片区现场会在劳店中学、中心小学先后举办。

中学的升旗仪式、大课间给与会者留下深刻印象，整齐的步伐、洪亮的口号、整齐的动作、昂扬的斗志让人震撼，彰显学校管理的规范与创新。中心小学的尊重之光大课间气势宏伟，唱响经典，让与会者感受到农村小学的生态与活力。两所学校的文化创设、学校课程开设、中心校教师成长展厅，内涵丰富，别具匠心，让人感受到一家人不懈的探索与追求，人心的团结与凝聚。两位校长的主题发言让人看到了我们校长身上追求卓越的品质，善于思考、善于学习、勇于创新的风格，看到了我们团队朴实无华的作风。

活动就是促进，相信"1751"现场会把我们的学校管理推上一个新的高度，把全体教师的精神状态提升到一个新的起点，我们很幸运。

省课程中心专家、齐鲁名校长们的点评给我们无限的动力，当然，学校内涵发展没有止境，我们正走在远航的起点路上，我们教育质量的提升还有瓶颈，我们没有理由停步，我们没有退路。

我们都应该有一个朴素的梦想，让劳店的孩子享受优质的教育，从幼儿园开始，小学、中学一脉相承，用我们一家人的智慧和勇气打造教育强镇，造福社会，成就人生，让劳店的教育继续向着美丽前行！

努力做"四有"好教师

　　何为好学校、好教师？唯感觉让教师找到心灵家园、让学生得以幸福成长的学校才为好学校，引导学生遵规明理、刻苦学习、充满梦想、阳光生活的老师才为好老师。教育是潜移默化、耳濡目染的，教师要减少功利，安静教育，为学生做人做事奠基。

　　习近平总书记在北师大讲话中对教师、学生提出殷切期望：有理想信念，有道德情操，有扎实学识，有仁爱之心。作为一名教师，应把"四有"作为师德师风的方向目标。

　　有理想信念。教师要有教育理想和追求，潜心教书，俯身育人，对事业虔诚，享受工作的幸福。

　　有道德情操。德高为范，人以德为本，教师要牢筑道德防线，不以权谋私，不接受家长礼品，不体罚学生。要爱岗敬业，无怨无悔，把工作做到极致，堂堂正正做人，尽职尽责做事。

　　有扎实学识。学高为师，教师要不断学习，更新理念，提升素养，注重自我专业成长，用才识彰显魅力，用智慧教书育人。

　　有仁爱之心。没有爱就没有教育，爱是最美的语言，让宽容、善良溢满心胸，热爱社会，善待他人，尊重学生，用爱书写教育诗篇。

呼唤阳光的生命

　　中学2014年秋季田径运动会开幕式节俭隆重，秩序井然。

　　一次大型活动，其意义远远超过活动的本身，对师生是一次体验、锻炼和激励，让人感受生活的五彩斑斓和酸甜苦辣，有利于团队精神的凝聚，思想境界和校园正能量的提升。

　　但各班代表队经过主席台时的精神状态，让人隐隐地感觉缺少一份自信和阳光，步伐缺少一份矫健与昂扬。这一现象可能与我们的教育有关，张扬个性、幸福成长的理念亟须落到实处，唤醒人性的真善美和生命的潜能时常被我们忽视，甚至对学生成长造成一种压抑，压抑中形成了学生性格的孤僻、自卑和对生活的无味。

　　给学生的读书时代留下一抹温馨的回忆应该是我们的追求。

提高六种意识，做最好的自己

我们一家人要借助"1751"改革创新工程这一发展平台同心同德，相互包容，共同努力，办一流的教育，做最好的自己。

提高尊重与团结的意识。尊重别人是一种美德，一种修养。尊重别人就是尊重自己，要想得到别人的尊重首先要尊重别人。我们之间都要做到互相尊重，我们是一个战壕的战友，应该互相体谅、帮助，应该给各学校做一个团结的表率。

提高指导与服务的意识。工作早打算，早准备，早行动，早落实，开好头，起好步。到基层学校，帮忙不添乱，应该多一些指导与服务，不是埋怨与指责，少些"必须"，多提供点解决办法，用自己的行动推动工作，赢得口碑。

提高自律和形象意识。自律是美德，是人品。每个人要时刻注意言行、形象，不得搞特殊，要互相监督。我们一定要跟上党风廉政建设的节拍，树立勤政、廉政的作风。

提高干事创业的意识。实干是硬道理，都喜欢干事的人，都喜欢把工作落到实处的人，干事的人才有威信和口碑，干事能弥补自己的缺点和不足。

提高工作的精细化意识。精细化管理是我们的工作追求，要加强工作研究的精细化、安排的精细化、落实的精细化、督查的精细化、整改后再督查的精细化，把常规做到极致，在极致上力求创新。当然，精细化需要思考，需要反思，需要总结，更需要无悔地付出。

提高目标和责任意识。聚焦安全、质量和办学条件的改善，树立目标、责任和大局意识。积极出谋划策，群策群力。积极发现问题，共同解决问题。安全出了问题是我们一家人的耻辱，质量全县领先是我们一家人的骄傲，办学条件得到改善是我们一家人的功劳。每个人分管的工作都应全县领先，我们都应唯旗是夺，让分管工作因为是我负责而熠熠生辉！

凡事都应做到极致

　　早上，一行十余人参加解家小学升旗仪式。洁净的环境、良好的精神面貌、有序的秩序体现了学校管理水平的常态，但升旗仪式上存在需要提升的地方：师生站立的姿势需要优化，要立正，双手下垂；学生离旗杆距离太近，仰视国旗很不舒服；学生队伍生生之间要有一定距离，要行列整齐；旗手需要提前训练，动作、程序要熟练；音响效果不是很好，要充分利用校园广播；仪式程序太简单，内容太传统，缺乏新意和感染力。总之，升旗仪式不举行则罢，举行就要精心设计，精心打造，师生应该激情演说，使其成为凝聚信仰、唤醒灵魂、震撼心灵的有效阵地。

　　升旗仪式是学校德育与常规管理的重要平台，是唤醒灵魂、催人进取的重要手段，它因庄严、郑重而更具感染力、教育力。

　　高质量的升旗仪式离不开完美的细节，包括国旗悬挂、音乐播放、师生站立姿势、国旗下讲话内容、一周工作回顾和评比等，都要用心设计，精心准备。

　　每所学校都要有细节决定成败的意识，都要有打造精致、追求卓越的情怀。

观摩后的思考

中小学幼儿园大课间观摩暨学校常规管理检查活动，校长、主任一行18人参加。

井然有序、温馨和谐、精致新颖是各校活动共同的景象。

大课间作为最常规的校本课程，对滋养师生心灵、锻炼师生体魄、凝聚团队意志、激发生命热情尤为重要。同时，它又能体现办学水平，反映师生精神面貌，彰显办学理念，促成学校文化。好的大课间绝不是一日之功，而是学校管理、长期办学实践的结晶，所以不要把大课间看作教育活动的附属品，可有可无。

呼唤微笑与快乐。大课间本是孩子放松大脑、修整身心的平台，但我们的孩子缺少微笑，缺少发自内心的愉悦，这是大家需要探究的校本课题。

呼唤规范和实效。动作不整齐、力度不到位、滥竽充数等现象在小学课间操中时常存在，把课间操做到极致需要智慧，需要督导与评价，需要坚持与坚守。课间操成了形式，成了消磨时光的程序，是校长的失职。

呼唤创新和活力。大课间、课间操要与时俱进，办法总比困难多，没有专职体育教师是借口，关键是校长想不想改变，想不想创新，想不想卓越。大课间内容新颖，形式不断创新，不断更新，才能激发兴趣，激发活动和生命的活力。

呼唤教师的活动参与和爱的情怀。学校的理念再好，思路再清晰，没有教师的参与，谈不上和谐，没有教师爱的投入，谈不上温馨。学校要引导教师和孩子融为一体，参与其中，与孩子一起跳绳，一起丢沙包，一起做操，一起跑步，这是多么温馨快乐的事情。教师的爱不是一句空话，而应该转化为行动。当教师被动应付、袖手旁观时，就没有学生管理的规范和有序，学校工作必定是一盘散沙。

安全无小事

六点下班，车刚启动，中心小学校园广播里传来一个男孩哭喊救命的声音，我赶忙跑过去，原来一个低年级男生独自在教室里写作业，被误锁到了教学楼内。

很庆幸孩子很聪明，知道到广播室启动广播系统自救，否则没人会听到他的哭喊声。已经天黑，倘若孩子恐惧、寒冷并不被人发现，后果很难想象。

由此，学校应引以为戒，安全无小事，需要处处警惕、留心，锁大厅之前需要确认学生是否全部离开，需要及时提醒，否则一点疏忽都可能导致无法弥补的悲剧发生。

多些唤醒

我读了一篇文章《教育即唤醒》，很有同感。

一所学校的教育与管理，价值功能都归结于人的成长。孩子的知识技能、品德修养、价值取向都需要培养和提升，但这一切并不是靠外力来实现的，最终都是通过受教育者自身的体验、感悟、内化来完成的，没有受教育者自身的渴求与主动，一切教育都会显得苍白无力。

所以，教育的核心价值不是知识的传授，而是灵魂的唤醒、兴趣的激发、生命的激活。让生命充满激情，充满真善美的渴望，让生命从骨子里像个生命，才是教育的真谛。

学校管理、教师队伍管理也一样，往往只有唤醒教师的职业良知、工作激情，让教师感受到生命的幸福，一切的一切才会水到渠成。作为学校，应对教师和孩子少些管理，多些唤醒！

肖川说过：真正的教育一定能够给无助的心灵带来希望，给稚嫩的双手带来力量，给迷蒙的双眼带来澄明，给羸弱的身躯带来强健，给弯曲的脊梁带来挺拔，给卑微的人们带来自信。

唤醒灵魂，激活生命！

坚持，再坚持

　　浏览全镇教育干部工作日志，我很感动，大部分教育干部都在业务管理繁忙的情况下抽出时间写工作日志，有工作足迹，有体会、感悟和反思，而且文笔流畅，思想闪烁。

　　我表扬、推荐了中学教育干部的工作日志，摘选全镇10篇优秀日志推荐大家鉴赏。

　　让教育干部写工作日志已经近两年的时间，确实给大家带来了很大的工作量，但我坚信坚持下去每个人都会有收获，都会积累一笔巨大的财富，这也是锻炼大家的耐性和坚守。日志，不但是工作的回顾，更是诉说心的历程；不但是静下来反思的方式，更是修身、成长、生成智慧的过程，对一个人的成长大有裨益。写的过程就是总结、梳理、提升、内化的过程，助于锻炼人的思维、逻辑、表达能力，同时写作思考的过程会偶发灵感，助于工作创新。

　　但没有工作实践，没有大量书籍、理论支撑的写作往往是纸上谈兵，缥缈无根基，空洞无味，所以做与写要融合，要统一，在实践中总结反思，在反思中创新工作。

　　写，需要坚持，需要与做相统一。

强化过程，向管理要质量

一所学校，质量是生命线，社会认可度、满意度、口碑首先要依赖于教育质量。一所中学办得好不好，首先要看其高中升学率，这直接关系着孩子的将来和前途，关系着家长的经济负担和思想顾虑。

我们要担当起这一责任和使命，夙夜在公抓管理，千方百计提质量，优化学校教育生态，提升学校核心竞争力。

向教学管理要质量。一是创造性利用时间，合理安排时间，用足够的时间做保障；二是精心备课、上课，理性对待课堂，精益求精，提高课堂效率，让成绩水到渠成；三是研究考试动向，研究重要考点，精心选题、检测、分析，及时发现问题，及时补齐短板；四是各学科齐头并进，理化生抽测、信息技术抽测、体育测试，各文化课，早谋划早行动，要有宏观的计划，有微观的措施。

向学生管理要质量。强化班主任工作职能，一个好班主任就是一个好班级，一个好老师就是一个好学科。大家要强化学生管理，多些人文关怀（管人、管心、关心），发挥非智力因素的助推作用，加强备考状态的调整，提升士气，疏导心理，落实好分层分类的推进工作，分层分类地转化工作。每个人都要关注学生的思想、生活及个别辅导，提升毕业班学生的生活服务质量，对边缘生细节多考虑一点，作业特殊一点，谈心多一点，一切的一切都要落实精细化管理，都要用整个心思来落实毕业班的教学工作。

　　向凝聚力要质量。一家人，一条心，一件事，我们每个人责无旁贷，义不容辞，要拼搏到无能为力，奋斗到感动自己。

需要用心做课程

参加果刘小学升旗仪式观摩，精心组织、秩序井然、内容丰富、教育效果良好是我对该校升旗的评价。建议是加强对旗手的训练，加强学生唱国歌的练习，国旗尺寸要调整缩小，国旗悬挂要规范、周正；国旗下讲话内容要进一步校本化、生本化，借用升旗仪式表彰各类优秀班级和师生，让升旗仪式最大限度地成为爱国教育、励志教育、增强凝聚力、促进师生管理、催人奋进的阵地平台。

升旗仪式和大课间活动足显师生的养成习惯和精神面貌，足显学校德育管理智慧与水平，足以见证学校管理的精细化与和谐度，对人的成长起着潜移默化的作用。

升旗仪式和大课间活动都是学校文化的重要体现，都是唤醒心灵、修炼身心的学校课程。

学校课程是国家课程、地方课程的延伸和重新架构，是校本化的学校五育载体。学校课程的着眼点与落脚点是生命的成长，需要尊重教育规律，耐得住寂寞，并持之以恒。莱州金城镇中心小学的学校课程——书法课，我们也开设过，但人家做到了极致，孩子们清秀、刚劲的硬笔字让人感叹，感叹孩子的潜能得以淋漓尽致的挥发，感叹平凡的细节能做到让人震撼。

我们时常为想不出开设什么学校课程、什么课程有特色而迷茫，再看看我们低年级孩子的课堂习惯，斜着、歪着、趴着、跪着，小板凳噪声杂乱，不会倾听，不懂规矩，这是孩子的原因吗？我们是没有适合的学校课程吗？先把细节做好，让孩子把姿势坐好，把字写好，把队站好，把话说好，先把大课间开展好、升旗仪式组织好……这都是最基本的课程。

教育是细节，是潜移默化，是在潜心和坚守中静等花开。

学会担当

　　一个团队要有灵魂。

　　团队灵魂乃团队成员在长期并肩战斗过程中积淀形成的一种共同愿景，一种价值信仰，一种战斗姿态和品质。

　　有灵魂的团队都具备一个特征——成员身上流露着担当。

　　担当是一种人品。勇于担当的人没有借口，没有抱怨，顾全大局，乐观向上，做人做事让人敬佩。

　　担当是一种境界。勇于担当的人考虑的是事业，心系的是团队，内心有格局，修养有高度。

　　担当是一种姿态。勇于担当的人从骨子里追求卓越，并付诸行动，长期坚守，乐此不疲，是一面精神旗帜。

　　劳店教育团队需要灵魂，需要担当！团结是一种担当，包容是一种担当，把分内的事做到极致是一种担当，默默坚守是一种担当，不等不靠勇于开拓是一种担当……

　　让我们一家人牢记使命，为了美好，主动担当！

传承作风，聚焦质量

　　劳店的教育风气多年来淳朴向上，教育质量也一直走在乡镇前列，向社会展示的是一种责任与担当，究其原因，主要就是我们劳店有一批爱岗敬业、无怨无悔的优秀教师和校长，他们每天在平凡的岗位上身心投入、持之以恒，并且这支队伍前赴后继，接力传承，不断壮大。

　　我们身边涌现出一大批优秀教师，有步入退休年龄的劳桂青、杨国英、王美瑞、冯国英、劳淑荣，她们把美好年华都献给了教育，始终如一；有工资待遇偏低的刘景新、韩俊燕、刘晓、宋敏、张立平、凌淑芳、劳秀芬、王蕾老师，她们用行动诠释了什么叫干一行爱一行，值得我们尊敬；有我们的一线校长、主任：李金明、王志刚、李晓燕、张建国、代春生、纪左林、霍宝东、王吉水、王永新、王洪合、李延峰、宋佃勇、李金祥、吴秀华、李建元、王磊、张如意、宋路明、刘建华，他们率先垂范，做出表率……

　　教育教学质量是学校的生命线，是验证一位教师、一所学校是否优秀的主要指标，是学生核心素养的核心。教育教学质量是我们学校管理、课程、课堂改革、德育、后勤等学校一切工作的出发点和落脚点。随着基础教育综合改革的逐步深入和新时代教育地位的逐年提升，提高教育教学质量将是我们必须直接面对、不可回避的话题，更是我们义不容辞的责任和义务。

　　提高教育质量绝不是一日之功，绝不能急功近利和片面追求，只有把过程抓结实，把课堂抓结实，把常规抓结实，把凝聚力抓结实，质量才会水到渠成。严禁课程开设不全，严禁违反学生身心成长规律片面追求文化课成绩。我们要规范学校管理，规范课程开设，规范课堂教学，坚持人性管理和制度引领相结合，凝聚教师力量，唤醒教师干劲，激发学生斗志，让我们的教师充满激情，让我们的学生充满朝气，让我们的学校充满亲情，这样我们才会实现质量的高端、学校的和谐、工作的幸福。

　　2018年是我县教育质量提升年，新的一年，新的学期，我们要立足新起点，实现新跨越，再接再厉，一心一意抓教学，千方百计提质量。一是把教学常规做扎实，做到极致。备课、上课、辅导、作业批改、单元检测、课后服务，一步一个脚印，相信哪里有汗水哪里才有收获，成功的背后是寂寞和艰辛。二是善待学生，优化班级管理。我们的教育行为会给孩子的人生记忆留下烙印，孩子的内心都有一杆秤，都有一个感受外来情感的天平。我们要给孩子爱的熏陶、爱的引领、爱的呵护，让孩子放飞梦想，健康成长，要相信爱的激励和好的班级管理是提高教学质量的前提。三是加强学习和教学研究。学习和研究是教师专业成长的必由之路，是教师享受职业幸福的根本途径。我们要低头工作，还要抬头看路，新的教育理念、教学技巧、教学策略、教学手段会让我们事半功倍。我们要坚持成就学生的同时成就自我，实现自身专业成长。我们要相信优质教育离不开优质教师队伍，教师是最重要的教育资源。

寄语2019年上班第一天

　　时光荏苒，岁月如梭，踏着坚实的步伐，伴着收获的喜悦，我们迎来了崭新的2019年，祝福我生命中遇到的每一个人平平安安，祝福阳信教育蒸蒸日上。

　　感慨岁月的匆匆流逝，从参加工作一直在劳店，再回首，这段美好岁月已化作了浓浓的劳店从教记忆。感谢局领导的信任与关怀，暑期在留恋和不舍中来到金阳学区，五个月的相处，学区各位主任的尽职与担当、质朴与团结让我感动，校长、园长们的坚守与开拓、敬业与进取让我敬佩，金阳教育扎实、朴实、追求卓越的风气给我启迪和力量。

　　新的开始蕴含新的希望，新环境呼唤新作为。作为金阳教育人，应继续传承自强不息、厚德载物的传统，开弓没有回头箭，我们应忘记所有的荣誉，一切从头再来。2019年，我要团结带领每一位家人，不忘初心，不辱使命，牢记忠诚与担当，弘扬爱与尊重的教育理念，强化精细化管理，丰厚学校文化内涵，如履薄冰抓安全，凝心聚力提质量，全力以赴促进金阳教育优质均衡发展。

　　强化师德建设与教师专业成长是根基，优化学风培养、学生习惯是责任，加强课程、课堂建设是抓手，提升教育教学质量是目的，构建平安和谐校园是底线。让我们理清思路，分清主次，强化责任，提高执行力，主动做事，创新措施，勇于担当，共同创造金阳教育新的辉煌。

致敬辛勤付出的校长们

上午，到张黄小学进行学校常规管理检查。

张黄实验楼大厅内及时更新的学校文化彰显了管理的人文和精细。小黑板上书写的是心系学校、心系学生、期末在即却主动承担请假教师教学任务的两位老师的事，字里行间流露的是感谢、感恩和正能量的弘扬。及时用身边的榜样来引领整个团队，优化团队风气，读后让人在寒冷的冬季感受春意融融。

一块小黑板彰显的是爱与尊重，彰显的是用心做教育。马秀芳校长在张黄小学耕耘15年，爱与青春都聚焦在这个家园，带出了一个好团队，办出了一所好学校。感冒多天一直坚持上班、上课的她做到的是表率，赢得的是口碑！

向在基层学校耕耘十余载，不忘初心、夙夜在公的金阳校长们致敬！

祝福金阳

人生漫长
流逝最快的却是时光
年轻的岁月还历历在目
现已有了中老年教师的模样
工作26年一直在劳店
9500个日夜教书育人在生我养我的家乡
看得见与兄弟姐妹一起打拼的足迹
那里记载着我的奋斗、喜悲与成长
忘不掉那里的一草一木
眼前总浮现那些熟悉的面孔和目光

为了工作和个人的持续发展
感谢组织厚爱来到金阳
金色的金，阳光的阳
在那梨花盛开的地方
加入了一个优秀团结的团队
看到了一张张朴实厚重的脸庞
五个月的携手共事充满温暖的味道
追求卓越的风气给了我再次冲锋的力量
在这里，我又增添了诸多兄弟姐妹
这里将是我人生的第二故乡
我会珍惜相遇和缘分

让尊重、宽容、理解和亲情洒满每个心房

在这里，我会以身作则干事创业

在这里，我会方正做人敢于担当

在这里，我要为大家做好服务

在这里，我会与大家一道加油前行，淋漓酣畅

2019已经启航

让我们不忘初心，牢记梦想

祝福每一个同事、战友安康幸福

祝福金阳教育一路凯歌，一路辉煌

做一流的校长

做一名好校长，需要身心投入，需要长期修炼。

一、尽职尽责，做敬业的校长

校长的思想觉悟决定学校办学水平的高度。尽职尽责、马上行动应该是大家的座右铭，不要做麻木迟钝、畏难懈怠、工作不扎实、不持之以恒的教育干部。

分管的工作要尽职尽责，统筹安排，精心谋划，不能等靠和依赖。要独当一面，要做到极致，把平凡的工作做出精彩。

二、洞察秋毫，做有心的校长

发现不了问题就是最大的问题，外显的问题和潜在的问题需要用眼和心去发现。外显的问题需要笔记本随时记录，回办公室整合后统筹安排，马上整改，不要积累问题。同时要思考导致外显问题的内在问题，发现问题的根源，做到洞察秋毫，从根源上解决问题。

三、抓住人心，做智慧的校长

改变、优化师生行为的不是校长的口令，而是管理机制。良好的管理机制才会使学校秩序井然、和谐公正。

1. 加强班主任队伍管理。学生养成教育没有班主任的主体参与注定要失败。班主任成了旁观者，学校的一切工作无从谈起。课间操、放学列队不要靠校长、主任来规范。

2. 加强思想渗透，提升教师队伍觉悟。组织开会、读书、培训是很好的思想教育平台，滴水穿石，潜移默化，传播正能量能凝聚人心，修身养性，激发热情。对教师的领导，关键是思想的领导。按时组织集中学习是统一思想、弘扬正能量的有效办法。工作要忙到点子上，要深入人心。

四、理清思路，做明白的校长

安全是底线，质量是生命。校长、主任要从千头万绪中理出思路，瞪大眼睛抓安全，千方百计提质量，而安全与质量需要我们抓常规，抓规范，抓细节，抓落实。

（一）教育质量

质量是学校的生命线，离开质量学校就失去了根基，就没有了底气。新的学年，我们要加强教学过程的监管，强化落实，用行动和智慧再创佳绩。

1. 向教学常规要质量。利用九月份组织一次教学行为的集中"军训"，规范教育教学环节，规范教育教学行为，规范教学过程。要从内心深处提高教师的规范意识，培养严谨从教的习惯，优化教学风气。

一是精心备课、上课，理性对待课堂，提高课堂效率，杜绝放羊式课堂的存在；二是精心于作业批改、检测、分析，及时发现问题，及时补齐短板。

2. 向管理要质量。一是创造性利用时间，合理安排时间，用足够的时间做保障。二是强化学生学习习惯、风气的培养，需要天天抓，天天通报评比，营造比学习、比进步的氛围，让学生坐得住。身心不静，何来学习？三是从细节上规范部分学科课堂效率低、备课作业不扎实、上课出现空堂、课间管理失控、出现卫生死角、两操管理缺失、早读午休管理失控等现象。

3. 向师德建设要质量。师德建设是学校工作的前提和保障，唤醒教师团队敬业、奉献的热情是我们永恒的追求，态度比能力更重要，积极的态度是关键。

师德建设要与我们的教师管理相融合，传递正能量，传输积极思想，千方百计创设和谐、温暖、宽容的人际氛围，用公平、积极的环境去影响和改变教师。

4. 向班主任要质量。强化班主任工作职能，强化学生管理、人文关怀，发挥非智力因素的助推作用，加强班级凝聚力建设，提升士气，疏导心理，用整个心思来教书育人。

5. 向以身作则要质量。校长、主任要以身作则，带头提高质量，要一岗双责，管理要到位，个人成绩要领先。

（二）学校安全

学校安全是学校的底线，安全不保，何谈教育？

校舍安全要不留死角，防踩踏安全要警钟长鸣，用电安全要及时整改，课间活动安全要全方位巡视，校园欺凌安全要洞察秋毫，饮食安全要如履薄冰，交通安全要时刻提醒，建筑工地安全要严加看管，恶劣天气安全要反应迅速，舆情风险要及时化解。

五、严格自律，做清醒的校长

要慎言、慎行、慎独、常思，要勤政、廉政，现在的生活来之不易，且行且珍惜。

六、自主自发，做担当的校长

最可怕的团队是它的每个成员不能为了共同的目标自主自发。如果你的团队成员能自主自发，那么你的团队会战无不胜、所向披靡，而这一切离不开校长的自主自发和勇于担当，校长永远是一面旗帜，校长的使命担当和作风引领至关重要。

第二章 文化与探索

2

劳店第一小学教师和谐宣言

我们是第一小学的教师，构建和谐校园是我们的追求和责任，为创设和谐、奋进的大环境，我们共同发表宣言：

一、师生关系要和谐

给孩子博大的爱心，关注他们的成长，做他们的朋友，不训斥、体罚学生，为人师表，用我们高尚的师德教育学生。

二、同事关系要和谐

我们要互相尊重，互帮互助，珍惜缘分，视同事为亲朋，容忍别人的过错，谨慎自己的言行。

三、领导与教师关系要和谐

领导要以身作则，真心尊重每一位教师，做好服务，任劳任怨。教师要认真完成学校布置的任务，遵守学校的有关规定，做事雷厉风行。

四、课程开设要和谐

我们要开全课程，精心备课，上好每一门学科，促进学生全面发展。

五、人文关怀和制度约束要和谐

我们倡导自觉，坚持自律，以人为本，依法治校，情感凝聚与制度约束要和谐统一。

六、教师成长与学校发展要和谐

成就事业，成就自我，展示我们的智慧，体现我们的价值，发展我们的学校，我们与学校一同成长。

七、精神世界与时代发展要和谐

我们要不断学习，超越自我，做新时代新型教师。年龄有大小，但理念、追求、激情，我们都要站在最前沿。

八、与家长关系要和谐

我们要尊重、和善地对待家长，用宽阔的胸怀包容家长，争取他们的支持和理解，发挥我们和家长的集体智慧，齐心协力把学生教育好。

劳店乡第一小学学校发展自我诊断报告

根据《山东省普通中小学"1751"改革创新工程指导手册》精神与要求，我校成立了诊断领导小组，通过问卷调查、座谈、访谈等形式分别对干部、教师、学生、家长进行调查，取得了大量真实的资料。学校诊断领导小组集体进行充分的讨论、分析，对学校现状及促进学校发展的条件、优势、机遇做出判断，确定了学校发展的目标和策略，形成了本发展报告。

一、学校自身发展情况分析

劳店乡第一小学位于滨州阳信县城以东8千米，是一所普通农村中心小学。1987年建校以来，学校坚持严谨的治学态度，规范管理，积极进取。学校教育教学工作成绩显著，尤其是近五年来各项工作走在了全县小学教育的前列。

学校现有12个教学班，在校学生460名，在岗教职工28人，其中包括乡教学办公室兼职教师4人，工人1人。

（一）发展优势

1. 学校现有校长、教导主任、总务主任、德育主任各一人。年龄分别为40岁、31岁、29岁、47岁，平均年龄36.8岁。其中本科2人，专科1人，中师1人。成员年富力强，易于接受新观念、新思想，发展潜力很大。班子团结，有较强的凝聚力，已经形成了尊重、服务、创新、垂范的工作作风。班子成员分工明确，责任心强，各自主管的工作都能较好地完成，"主动做事，把事做好"已经成为一种习惯。

2. 校长，曲阜师范大学数学专业本科毕业，从教19年，四年中学语文教师、班主任经历，1996年任乡教研站站长，1999年8月起至今任本校校长。

校长常年如一日，事业心、责任感强，有干事创业的激情，把追求卓越作为座右铭，努力实践"用整个的心思做整个的校长"；善于学习、借鉴和思考，具有较好的反思、内省习惯和较强的书面文字表达能力，善于真诚地通过书面与教师沟通交流，校长心语、校长荐文为常用的交流方式；能真诚尊重每一位教师，待人诚恳、谦逊，有较强的自我总结、自我修正能力，能够不断地开拓进取，积极探索。

3. 全校在岗教职工28人，35岁以下青年教师13人，占46.4%；36—45岁教师9人，占32.1%；46岁以上6人，占21.4%。本科16人，专科9人，中专2人，大专以上学历占89.3%。小学高级教师15人，占53.6%；小学一级教师12人，占42.9%；工人1名。

学校注重加强师德建设，以各类活动为载体进行师德教育和渗透，整个教师团队具有良好的教师职业素养，敬业爱岗，责任心强，工作积极主动。中青年教师多，"三讲、四好、五爱"的校本教师形象目标初步实现。团队风气纯正，自觉自尊已经成为习惯。2006年春季以来，学校取消签到，实行自觉考勤，有事向学校请假，教师们按时到岗，尽职尽责。

4. 学校坚持人文管理，注重学校文化建设，努力走"文化引领学校之路"。学校强调尊重，注重和谐，坚信尊重是一种理智的管理，尊重教师，尊重学生，尊重个性，尊重成长，坚持领导与教师关系和谐、同事与同事关系和谐、教师与学生关系和谐、个人成长与学校发展关系和谐、课程开设要和谐，等等。努力打造学校文化，包括制度文化、理念文化、环境文化、活动文化、精神文化等。

办学核心理念：洋溢尊重，和谐发展。

办学思路：弘扬师德，提升教师素养；注重养成，优化学生习惯；聚焦课堂，提高教育质量；文化渗透，打造学校品牌。

学校愿景：孩子快乐成长的摇篮，教师专业成长的沃土，山东素质教育的前沿。

校风：把常规做到极致。

教风：静心教书，潜心育人，让生命与使命同行。

教师专业成长思路：前沿学习，注重反思，名师带动，机制激励。

学校征集全体教师意见，共同形成了《第一小学教师公约》、"三讲、四好、五爱"教师形象目标并已经成为大家的共识和践行准则。

教师形象目标

讲自觉	自尊
讲奉献	无私
讲团结	合作
精神生气	好
师生关系	好
课堂教质	好
教学学校	好
爱学	学生	如家子
爱工	学工	如岗位
爱学	习作	上进
爱科	研习	探索

5. 学校追求精细化管理，努力在落实和执行上下功夫。学校实行周计划制度，重要工作、大型活动更是未雨绸缪，周密安排。在教育教学过程中注意细节，提倡"把常规做到极致，把工作落实完美"。学校实行了"事事有人管"制度，学校的每一个细节都责任到人；班级实行了"人人班干部"办法，充分发挥学生的主体地位，实现自我教育、自我管理，变他律为自律。出台了《第一小学学生十大学习习惯》《第一小学学生十大养成习惯》，引导学生把衣服穿好、把话说好、把字写好、把队站好、把操做好等，经过长时间矫正、实践，学生良好的习惯初步形成。

6. 学校十分注重教师的学习和反思，致力促进教师的专业成长。从去年5月份，学校带领全体教师建立了教育博客，引导教师以教育博客为平台，加强学习交流，一年下来，教师收获很大，大大提升了读书、写作与反思的自觉性。从2009年春季开始，学校创办了名师讲坛，每周二下午组织全体教师进行讲坛活动，营造了浓厚的学习、科研学术氛围。学校发现好的文章、典型案例都会书面推荐给教师们，请大家读后写出反思。经过努力，教师团队成长很快，目前全校市县级教学能手、学科带头人9人，县"三名"工程人选名校长1人，名教师2人。

7. 学校聚焦课堂，大力实施有效教学。学校时刻渗透"最美的风景在课堂"的理念，积极引导教师立足根本，聚焦课堂，努力提高课堂教学的有效性、高效性。一是引导教师转变观念，用"心"备课，积极探索自主、合作、探究的课堂实践，提高常态课的有效性；二是注重科研，周密组织，榜样引领，提高研讨课的有效性。每周二、周三为固定观课议课日，通过交流、借鉴和学习，提升整个团队的课堂教学水平。

8. 严格落实课程方案，提高课程实施水平。首先转变教师的教育质量意识，引导教师把"人的成长"作为教育目标。在教师考核中，教学成绩只占总分的30%；加大课程落实的监管力度和保障措施，音体美、校本、信息技术、传统文化、安全环境教育全部是专职教师，保证了教师上课的课时量；加大了各级课程落实的评估力度，纳入教师考核；根据学生特长，学校建立了各类兴趣小组，周二、周五课外活动时间全校活动，聘请社会人员，让京剧走进了学校的课堂。

（二）不利因素

1. 校长因在本校年久日常，在学校管理上不可避免地出现定式思维，发现问题的意识不够敏感，创新管理有待强化，学校发展新的突破点很难定位。校长对教育、学校发展的理性思考不够，领导学校的前瞻性不够，自身的理论素养有待强化。

2. 班子成员教育理论水平和业务指导能力有待提高，教导主任从中学调到小学仅三年，德育主任原为本校少先队辅导员，去年刚担任学校德育管理工作，相对来说，他们干劲十足，但经验较少，思路、视野需要进一步开阔。

3. 市级教学能手仅1人，榜样引领示范势单力薄。教师整体教科研水平偏低，学校教育科学研究的氛围不够浓厚；部分教师的业务水平和教学能力还处于低层次；女教师偏多，产假、特假照顾人员达4人，给其他教师增加了一定的工作量。

4. 学校关于教师、学生的评价机制不够科学和完善，尤其是对学生的评价缺乏科学性、易操作性。这对教师工作的积极性存有不利的因素，也不利于学生的自律成长、自我规范和自我管理。

5. 师资相对缺乏，教师课时工作量大，不自觉加班，教师教育科研、学习反思的时间不够。特长专业教师不足，课程方案落实的质量有待提升，尤其是音体美、校本、综合实践、课外活动的落实质量亟待提高。

6.教师团队自主学习、专业成长的自身需求不够强烈，从教观念需要更新，教育理想需要重塑。

二、学校发展外部因素分析

（一）优　势

1.学校地理位置优越，受外界干扰因素较少；当地民风淳朴，尊师重教氛围浓厚；家长十分支持学校工作，家校关系和谐；家长文化素质、家教水平不断提高。

2.各级领导十分关注本校的发展，在硬件建设、设施配备、业务指导上给予了很大的倾斜，学校发展的大氛围已经形成。

3.当地教育资源比较丰富，为学校课程的开发、学校特色的创设奠定了原始基础。

（二）不利因素

1.学校至今没有操场，直接影响了体育课的开设质量，大型活动没有展示的空间。

2.学校校舍不足，音美教室、各类活动室等急缺，音美器材无处安置、使用，限制了课程方案的落实质量，影响了学校的规划与发展。

3.学校地处盐碱地，在经费紧张的情况下学校绿化更是困难，影响了学校的校园文化建设水平。

4.家长的职业、文化层次、经济水平呈多元结构，多为农民，文化水平偏低，家教水平不高，为孩子教育投资的意识和力度不够，对学生缺乏有效的家教指导。少数学生父母外出打工，跟随爷爷奶奶生活，其家教状况更不理想。

三、学校发展的方向、目标定位及实施策略

经过以上自我诊断，学校诊断小组确立了以下发展目标及相应的策略和措施。

1.打造一流的教师团队。学校发展的核心因素是教师，教师团队决定学校

发展的成败。一是升华教师管理理念，落实以人为本，坚持尊重和谐，凝心聚力，唤醒干事创业的激情；二是加强师德教育，提升教师教育情怀，点燃每个人的教育理想；三是继续强化教师学习，多管齐下抓教师理论、业务学习，落实教育教学反思，提升业务素养，促进教师专业成长，用最好的教师团队办最好的学校教育。

2. 培养学生一流的养成习惯。从细节抓起，教会学生做人，严格落实把话说好，把字写好，把队站好，把操做好，把卫生打扫好。加强督导，开展评比，培养学生良好的学习、生活习惯。

3. 创设一流的学校管理。加强精细化管理，把常规做到极致，把工作落实完美。强化人文关怀，让尊重、激励、唤醒成为学校管理的关键词。完善教师、学生评价机制，用机制规范、激励教育教学行为。

4. 打造一流的课堂教学。引领全校上下聚焦课堂，在课改上求高效。以转变学生学习方式、教师教学方式为突破口，践行自主、合作、探究的理念，让学生自主、自发、有效地学习和探究。形成学校校本课堂模式，提升整体课堂教学水平。

5. 营造一流的学校文化。由文化管理向文化自觉转变，让校风、教风、教师誓言等精神文化固化为师生的内心追求，在每个人身上得以流露。提高学校绿化、硬化、美化的质量，物质上改善学校育人环境。用文化改变每个成员，走文化引领学校之路。

6. 开设一流的学校课程。加强教师任课的专职性，提高国家、地方、学校三级课程落实的执行力。加强教师课程培训，发挥区域优势，充分利用周边教育资源，落实好地方、学校课程。发挥学生个性特长，促进学生个性张扬、全面发展。

倾情打造尊重教育，让老师与学生共精彩
——劳店镇中心小学尊重教育的探索之路

一、尊重教育的提出

尊重一直是学校的管理理念，起初主要体现在学校对老师工作的尊重。多年来，校长这一重要的管理思想得到了广大老师的认可，学校管理也更加规范，教师的工作积极性也得到了充分调动，并逐渐形成了学校管理的一个特色，因此我们多次在全县校长论坛和学校观摩等活动中做典型发言。学校参与"1751"改革创新工程以来，经过省课程中心专家对学校管理的诊断引导，我们在原来尊重管理理念的基础上，把尊重上升为学校的核心办学理念，并把打造尊重教育作为学校办学的出发点和归宿点。为了更加丰富尊重教育的内涵，学校组织教师和学生开展了以"尊重是什么"的讨论，大家从不同的角度重新认识了尊重的意义和价值。

1.尊重教育即尊重教育规律、尊重人的成长规律、尊重师生人格人性的教育。尊重教育的核心是以人为本，目的是通过尊重规律、尊重师生、尊重个性而达到"夯实基础，激发潜能，培育个性"的教育要求。

2.尊重教育在于：营造和谐、奋发向上的校园文化，培育一支受人尊重又尊重学生的教师队伍，培养学生尊重的意识和能力，即尊重自己，尊重他人，尊重知识，尊重生命，尊重社会。

3.尊重的教育对学校教育管理的要求：

（1）教师：必须最大限度地去理解学生，宽容学生，相信学生，善待学生，尊重规律，改进教法，提高效能。中心小学的教师应当是尊重学生人格、

具有较高教学能力的优秀教师。

（2）学生：必须学会自尊、自信、自立、自强，在尊重生命、尊重自己、尊重教育、尊重知识、尊重父母、尊重师长、尊重同学、尊重发展的学习过程中学会做人，学会学习。

（3）学校管理：必须以人为本（尊重学生，尊重教师，互尊人格），以目标管理为导向，以制度管理为准绳，以情感管理为动力，以激励机制为手段，以自我评价为调节，以和谐校园为根基，注重过程，尊重规律，追求师生的充分发展，形成团结、进取、民主、和谐的校园文化。

二、打造尊重教育，我们在行动

（一）打造尊重的教师团队，树立教师第一的思想

学校要切实实施尊重教育，必须要有一批尊重型教师，教师把尊重学生放在第一位，尊重学生的人格，尊重学生的个性发展，尊重学生的兴趣爱好，等等。这就需要学校把老师的发展放在第一位，只有老师不断加强学习，切实提高自己的思想道德素质和教学专业水平，才能保证学生的发展。

1. 尊重赏识每位教师，让教师在学校感到家的温馨。学校管理需要制度的规范，但更离不开人文关怀，尊重是学校管理的基础。

（1）校长飞信：每个工作日的早上，校长都要通过飞信向老师们发一条信息，或生活工作的提醒，或读书学习的感悟感言，或工作生活的反思体会。几句简单的话语传递的是对教师的关心与问候，传递的是学校的温情与温馨。

校长飞信选录：

天冷了，老师们穿暖些。天气再冷，我们的心永远是热的，我们的学校永远是温暖的！

班级管理更要注意细节，天天提醒自己的学生书读了没有，该怎样读；字写了没有，该怎样写；列队是否整齐；室内的卫生是否真正时时有人管，时时保持清洁。敬请班主任关注！

静下心来做教育，克服浮躁，着眼长远。因为你是中心小学的教师，所以你更优秀，你也正在努力让自己更优秀！

（2）寻找校园最美身影，弘扬正能量，促学校内涵发展。

一次意外的发现启发我们要寻找校园最美的身影：

那是2011年的一个春天，正值春暖花开，校园里引来了不少的蜜蜂，课间孩子们在校园内游戏，突然一个孩子大声地哭了起来。听到孩子的哭声，王志华老师快速跑出办公室，来到孩子跟前。原来孩子被蜜蜂蜇着额头了。王志华老师先是安慰孩子，然后轻轻地把蜂针拔了出来，接着又从自己的办公桌内找来风油精轻轻地涂在孩子的伤口上。志华老师弯着腰，边安慰孩子边轻轻地给孩子擦拭额头这一画面是那么温馨，又是那么美丽。此时我突然想到：这种美丽不正是我们校园所不可缺少的吗？其实我们的校园并不是缺少美，缺少的是我们发现美的眼睛，如果我们大家都能主动地去寻找美，发现美，并弘扬美，我们的校园就会充溢着美，校园就会成为师生温馨的家园、乐园，这不正是我们要努力打造的理想校园吗？这不正是我们学校尊重教育要追寻的境界吗？

受上述事件的启发，我们决定把寻找校园中最美身影纳入学校的一日常规管理，形成学校的德育课程，引导老师和学生发现美、学习美并积极成为美的创造者。以下是我们一日常规中部分最美身影：

镜头一：

2013年11月7日校园最美身影：早上，李丽莉、周洪伟、孙海燕老师早早到校辅导孩子们诵读英语、语文篇目，从教室里发出琅琅读书声，给路过的老师、同学带来催人上进的信心；四年一班、四年二班、四年三班的学生校服穿着和红领巾佩戴、书籍摆放最整齐。

镜头二：

2013年11月4日校园最美身影：早晨有些冷，但王永新、劳秀玲、孙海燕、王元胜、张俊香、苏丽、王春霞老师早早地就来到学校指导学生诵读；50多岁的司景霞老师执勤尽职尽责，给老师们做出了榜样；学生行走入队已有成行、成列的意识，放学时列队行走的同学边行进边诵读《弟子规》，声音洪亮，气势可嘉，值得表扬。

像这样的例子还有很多，一所学校要发展，师生的积极性是关键。我们欣喜地看到，当师生们看到自己善意的行为得到肯定和赞美时更好的效应产生了，学校里的正能量正在一点点地汇集。

当我们欣喜于这些最美身影的时候也坚信劳店中心小学的每一位教职工在自己的岗位上都可成为一道独特的风景，留下最美的身影。我们相信：只要全体师生执着地坚守心底那份对教育的热忱，总有一天，每位师生都会成为我们这个校园里最美的身影。

作为学校的管理者要继续去寻找、发现那些乐观、奋斗、博爱、创新、担当的身影，并一起为这些高尚的言行加油喝彩，让我们的校园因这些最美而更加温馨与幸福。

（3）感动校园年度人物评选。

主持词：2013已离我们而去，但2013留给我们的感动仍在继续。过去的一年，我们一家人精诚团结，在尊重教育的理念下不断超越，不断进取，每一位老师的身上都书写出一个个感人的故事。今天我们举行这个简朴（没有华丽的舞台、绚丽的鲜花、震耳的礼炮）而又隆重（高涨的热情、澎湃的心情、热烈的掌声）的仪式，就是带领我们全体师生一起回忆我们中心小学所有老师带给我们的感动。回忆2013，展望2014，相信我们这个优秀的团队会用我们的爱心、用我们的热情、用我们的真诚续写新的感动、新的辉煌，续写出劳店中心小学更加精彩的篇章。

几位老师的颁奖词：

司景霞：她是教学一线的一位老兵，在平凡的工作岗位上恪尽职守，孜孜以求。三尺讲台，近三十年的执着坚守！课堂中，精彩的语言、扎实的基本功，让年轻教师羡慕不已。她每天不顾自己的身体不适坚守在一线，对工作的执着是年轻一代学习的榜样。她这种忘我工作的境界是我们年轻教师学习的楷模。

张俊香：她是语文学科的带头人，风趣幽默，性格爽朗。哪里有她，哪里就会有笑声。在她的引领下，一个个方块字散发着迷人的魅力，她将词句篇章做成一道道色香味俱全的文学佳肴。多年的班主任工作，她用心铸就爱，用爱赢得了学生的心。

这样的活动凝聚了全校教师的心，给予大家追求发展的动力。

2. 积极为教师们开辟学习的空间，打造学习型教师团队。学校在尊重教育理念的支撑下立足学校实际，打造学习型、反思型的教师专业群。我们的具体做法有：

（1）创办"教师讲坛"教研阵地。每周三下午放学时间组织讲坛活动，或聘请县域内的名师，或本校的骨干教师，针对教师职业道德、学科教学、案例反思、课题研究、人生感悟等方面进行交流、培训，营造了浓厚的学术氛围。

（2）外出学习求实效。积极主动地派教师外出学习，外出前明确任务，回校后及时总结、汇报，进行全校二次培训，保证了外出学习的高质量、高效益。2011年学校两批去济南胜利大街小学挂职学习的老师自发编制了《我们的胜利之旅》学习感言集，得到了省课程中心专家的认可与好评。当前，学校教师已把写教学日志当成了每天的必修课，一篇篇教学反思、一个个教育故事记录着每一位教师的成长经历。

（3）开通"教育人博客"交流平台，让思想在碰撞中升华。自2010年4月以来，学校指导全体教师注册了"中国教育人博客"，引领大家写教育教学反思、教育故事，与博友交流学习。为保证实效，学校定期检查运行情况，每学期进行"博客之星"评选，将教师们的优秀博文装订成册。一年的尝试，教师们收获很多，感慨很多，人文素养、教育情怀不断提升。

（4）校长荐文，读书交流，让读书成为教师们的习惯。发现好的文章、案例等，校长都会打印发至每位教师；每个假期都推荐适合广大教师阅读的书籍，并要求大家写读后感悟；通过读书交流会的形式，让教师们相互交流学习心得，以便于相互学习，共同提高。

（5）成立名师工作室，为年轻教师成长铺路引航。我校现有省级优秀教师1人，市级教学能手1人，县级教学能手、学科带头人7人。学校充分发挥骨干教师的引领作用，实施"名师塑造"工程，通过引领，广大青年教师迅速成长起来。刚刚踏上工作岗位的青年教师有激情，但没有经验，创新意识不够，不管是参加乡里的优质课评选还是参加县里的优质课评选，都不敢报名，如何让青年教师迅速成长起来呢？我校确立"骨干带头，积极指导，找准基点，实现成功"的帮扶思路，用骨干教师的成功案例让他们懂得"付出不一定有回报，但不付出一定没有回报"，使他们懂得"经历也是一种幸福，因为你经历的比别人多，所以你距离成功彼岸的机会就大"。

在实行"名师塑造"的基础上，通过个性课堂鉴定、骨干教师开放日、骨干引领课、青年基本功展示、课题培训（学校现有省级课题一项、县级课题两项）等丰富多彩的活动，激发教师的潜能，让更多的教师成长起来。

（二）构建尊重课堂，充分展示学生的精彩

传统的课堂，往往教师是课堂的主角，主宰着整个课堂，学生只是消极、被动地参与，这样的课堂教师讲得累，学生学得累，而且课堂效率低，并造成学生厌学现象。劳店镇中心小学打造尊重的课堂，要求教师眼里始终有学生，目标的设定要尊重学生的认知基础，方法的选择要尊重学生的兴趣爱好，知识的生成要尊重学生的思维判断。基于此，我们提出了"12345"尊重课堂的具体要求："一种理念"是指尊重，"双向成长"是指课堂中师生实现双向成长，课堂既要发展学生，也要成就教师，"三大特点"是指学生学习方式要体现新课程倡导的自主、合作、探究三大特点，"四种境界"是指课堂教学要努力追求开放、互动、生成、高效四种境界，"五大目标"是指课堂教学最终要实现学生基础扎实、思维开放、潜能激发、阳光自信、健康成长的五大目标。尊重的课堂能最大限度地调动每一个学生主动参与学习的积极性，实现教教材到教课程的美丽转身，彰显"我的课堂我做主"的理念。

围绕"12345"的尊重课堂理念，学校在老师备课和课堂模式建构方面进行了以下探索和尝试：

1. "五课型三环节一自主"的"531"语文课堂教学模式。

"五课型"是把语文教学按单元作为一个整体，按以下五种课型进行课堂教学：单元导读课、示范引领课、自主自学课、拓展延伸课、汇报展示课。

"三环节"是五种课型的基本操作过程都要经历课前的准备预热、课上的读悟演练、课后的拓展延伸三个环节。

"一自主"是五种课型的核心操作理念，更是打造尊重课堂的根本。问题由学生自主提出，文本由学生自主解读，方法由学生自主选择，作业由学生自主设计选择，等等。在自主的前提下，学生的主动性、积极性、创造性得到了极大的提升，这才是高效教学的有力保证。

2. 模式构建下的个性化课堂。

在确立了语文、数学课堂基本模式的基础上，根据学校尊重教育的理念，要求教师"不唯模式"，积极倡导模式构建下的个性化课堂，以访问课、邀请课、周听课、外出学习汇报课等多种形式的听评课活动努力提升课堂驾驭能力。

通过近两年来的探索，我校课堂教学有了明显的转变，教师的教学理念、教学方式、学生的课堂习惯都发生了很大的变化，尊重教育理念引领下的个性化课堂正在逐步形成，比如：

劳志鲁老师的"小组互助教学"：

结合小学青岛版教材的特点，在确立学习小组、明确运行机制的基础上，采用小组自主互助学习的课堂教学模式，其基本流程设置为：情境引入，提出问题；独立思考，小组讨论；展示交流，点拨提升；巩固练习，组内互助；课堂总结，达标测试。以上五个环节要求处处发扬民主，尊重学生的发问，鼓励学生对同学、老师、教材进行质疑。老师要学会当观众，学生要学会当裁判，老师是出现疑惑时的引导员，而不是下定论的法官。

刘静老师的"体验式作文教学"：

这种作文教学遵循"体验——情境再现——表达畅谈（指导方法）——动笔写作——及时修改"的基本流程，凸显"在写作教学中，应注重培养学生观察、思考、表达和创造的能力"这一新课标要求。

这一教学法关注写作方法的渗透，个性化的表达和思考；关注情境的创设，唤醒学生写作的欲望，为学生的自主写作提供有利条件和广阔空间。

英语学科：周洪伟老师的"快乐英语课堂"：

"快乐英语课堂"以兴趣为基点，以活动为主线，尊重学生的个性发展，设计多个活动，在活动中体验英语的乐趣，在活动中训练口语的表达，切实提高学生的英语素养。

（三）开设尊重课程，促进学生全面发展

校本课程开发理念：尊重学生所需，基于学生生活张扬学生个性，提升学生素养，给学生一个幸福的童年。

根据学校课程开发理念，遵循学校打造尊重教育的基本思路——尊规重律，尊礼重德，尊知重能，学校相继开发以"律己、明德、尚能、追梦"为主题的系列尊重课程，最终实现让学生成人、成才、成功的"三成"目标。

律己——我是小学生啦（入校课程）、一日课程、双十习惯、母校情未了（离校课程）。

这一系列课程让学生的自尊、自觉、自律成为习惯，这是成人的基础。

明德——文明与礼仪、魅力阳信人、家乡四季、节日风俗、心灵有约。

这一系列课程重在塑造学生良好的品质，提炼学生的修养，这是学生成人的保障。

尚能——播音与主持、小巧手、翰墨飘香、劳动最美、春之声、大美语文、数学与智慧、校园吉尼斯。

这一系列课程丰富了学生的技能，为学生的成功插上理想的翅膀。

追梦——我爱发明、我爱健身、快乐小百灵、生命赞歌。

这一系列课程让学生体验成功的快乐，感受梦想的力量。

（四）积淀尊重的文化，促进学校内涵发展

在尊重的理念下打造尊重的教师团队，构建尊重的课堂，开设尊重的课程，倡导尊重的管理。这一过程让我们认识到：尊重是制度，尊重是行为，尊重是品格，更为重要的是尊重形成学校的文化，这是我们打造尊重教育的最高追求。为此我们研究实施了学校尊重文化"三步走策略"：

1. 依托学生习惯养成教育，重点抓学生的行为文化和校园环境文化；

2. 依托尊重课堂模式创建与教师团队建设，重点抓教师的行为文化和学校管理文化；

3. 在环境文化、行为文化的基础上最终形成学校的精神文化。

当前，学校尊重文化建设还只是体现在环境文化、行为文化的初级阶段。"尊规重律、尊礼重德、尊知重能"尊重文化的建设思路刚刚展开，这主要体现在我们的外显文化与课程文化方面。

尊重文化的愿景是和谐：校园人际关系的和谐、自然环境的和谐、人文环境的和谐，走在校园内感受到环境的和谐优美、师生的阳光文明，学校是校园也是家园，更是乐园。"努力打造尊重教育，切实促进学校的内涵发展"是我们借力"1751"改革创新工程最终的目标追求。

三、"1751"活动回顾与展望

回顾劳店中心小学与"1751"工程相伴的这3年多的时间，有辛苦，有付出，但更有感动与收获：感动于省课程中心张晓峰书记等为学校发展出谋划策，常常星夜兼程，不顾疲劳；感动于济南胜利大街小学给予学校老师课堂教学、课程开发、学生管理等全方位的引领与指导；感动于第二片区每一所小学给我们提供的一次又一次相互学习、共同交流的机会。"1751"活动或许正在接近尾声，但我们学校的创新与发展才刚刚起步，经历"1751"改革创新工程的历练，吸收借鉴我们第二片区9所联盟学校的先进治校经验，相信我们的学校

一定会距离人民满意的优质学校越来越近！让我们共同期待着所有的"1751"工程项目学校都有一个美好的未来！

劳店镇学区2016年十大新闻

1. 中考成绩再创辉煌。在全县初三学业水平考试中，参加中考的268名考生，重点上线人数187人，上线率为69.8%，中学再次获得上线率、上线人数全县乡镇第一名。

2. 顺利通过教育部义务教育均衡发展验收。投资800万元的中学综合楼、实验楼投入使用，120万元的中学校园硬化工程完毕，950万元的中学学生宿舍楼桩基工程结束；投资412万元对全镇学校微机室、实验室、综合实践室进行更新升级改造，教室更新配备33套触摸一体机，教师配备办公电脑232台，达到人手一机，办学条件、育人环境进一步优化。

3. 劳店镇小学新校区建设方案通过省专家评审。劳店镇中心小学新校区征用土地160亩，规划建设六栋教学楼、一栋实验楼、一栋综合楼，建筑面积约39097平方米。各种配套设施齐全，设计理念新颖，建成后实现全镇小学撤并、整合的目标，将成为我镇小学教育发展史上的里程碑。

4. 教师团队素质进一步提升。教师专业发展意识不断增强，教师整体素质不断提升，马振梅获滨州市"教坛新星"称号，南林、田国军、王宝亮、王志刚、张如意入选滨州市第二批"三名"工程，孙景伟等三人晋升高级教师，王立新获滨州市名教师、山东省最美教师提名奖。

5. 课堂教学改革扎实推进。中学积极开展以"助学案"为载体的课堂教学改革，"137"课堂教学模式逐渐走向成熟，中心小学新教育实践下的"尊重"课堂日益完善。中学成功承办语文、历史等学科德育优秀课例展评，中学吴秀华等15人次、小学万喜燕等8人次分别获全县德育优秀课例展评一、二等奖，其中刘静代表我县参加市课例展评获二等奖；全镇7名幼儿教师在县幼儿教师技能大赛中分别获得一、二等奖。

6. 体卫艺工作成绩显著。学区加大体卫艺事业的投入，全镇学校体育器械和音美器材配备齐全，劳店中学高标准塑胶跑道操场正在建设中，全镇小学操场全部圈围，并完成了石灰混凝土硬化。全县五大联赛排球比赛中，我镇荣获小学女子组第二名、小学男子组第四名、优秀组织奖。在全县中小学秋季田径运动会上，我镇荣获全县初中组第三名、小学组第五名、优秀组织奖。

7. 基础教育综合改革扎实推进。按照教体局基础教育综合改革规划，撤销中心校，成立劳店学区，积极落实校长职级制、县管校聘等改革项目前期宣传、准备和铺垫工作。

8. 餐厅管理质量日益提升。中学、中心园餐厅管理精细，营养配餐制运行高效，其中劳店中学餐厅获得"食安山东　放心食堂"称号。

9. 教育教学捷报频传，硕果累累。中心小学被市教育局确定为"主题式综合课程改革试点学校"，并获得"滨州市特色学校""滨州市课程实施优秀学校""滨州市新教育实验学校""中小学科普教育工作优秀学校"等荣誉称号；劳店镇中学获得"滨州市法制学校创建先进单位""滨州市教学创新优秀学校""山东省中小学文化建设重点研究基地"等称号；中心园被评为"滨州市语言文字规范化示范学校"。

10. 全镇教育平安和谐。一年来，全镇中小学幼儿园平安和谐，无一安全稳定事故发生。

2017年新年贺词

踏着平安、和谐的优美旋律，崭新的2017年向我们走来了！在这辞旧迎新的喜庆日子里，劳店镇学区向正在辛勤耕耘的全体教职员工和全体离退休教师致以节日的祝贺！

2016年是劳店镇教育励精图治、奋发作为的一年，经过全镇师生的团结拼搏，全镇教育再上新台阶。

中考成绩再创辉煌。中考重点上线人数位居全县乡镇第一名。

办学条件明显改善。投资800万元的中学综合楼、实验楼已投入使用；6000平方米的中学新公寓楼打桩结束；劳店镇小学新校区土方工程招标完毕；全镇学校操场完成升级建设，功能用房及教育信息化装备达到了省级标准；义务教育均衡发展验收得到了教育部高度评价。

教师专业成长如雨后春笋。王志刚等7人成为滨州市"三名"人选，马振梅被评为市教坛新星，孙景伟等三人晋升高级教师，王立新获山东省最美教师提名奖，并代表山东省向教育部做信息技术应用能力成果汇报。

学校荣誉纷至沓来。劳店镇中学、中心小学、中心幼儿园均被授予多种荣誉称号。

我们相信，总有一些事情让我们感动不已，总有一些旋律在我们耳边回荡，总有一些人让我们难以忘怀……我们忘不了镇党委政府组织50名优秀教师外出高端培训，我们忘不了王局长冒雨到小学新校区现场调研，我们忘不了幼儿园老师们躬身擦拭楼梯的美丽身影，忘不了各小学均衡化迎验前的团结与实干，我们更忘不了初三团队的担当与追求……

"问渠那得清如许，为有源头活水来"，劳店镇学区定将继续高扬干事创业的鲜明旗帜，立足打造教育强镇，发扬追求卓越、把工作做到极致的传统，提高教师团队整体素养和幸福指数，着眼于学生生命的成长，文化引领，精细管理，聚焦课堂，提升质量，由辉煌走向新的辉煌！

在新的一年里，我们真切期盼：

每一位家人都能为劳店学区书写出新的辉煌诗篇！

在新的一年里，我们真诚祝福：

每一位家人都有一个健康的身体和一个幸福的家园！

2017年劳店镇学区十大新闻

1. 中考成绩再创辉煌。参加中考考生396名，高中上线184人，上线率46.46%，再次获得上线率、上线人数全县乡镇第一名。

2. 乡镇综合督导评估成绩名列前茅。在6月份全县乡镇教育综合督导评估中，劳店学区总分获乡镇第二名。

3. 办学条件进一步优化。劳店镇中学学生宿舍楼主体验收；小学新校区完成土方、变压器安装和桩基工程；中心幼儿园、中心小学完成学校文化升级；解家小学新建餐厅投入使用；在镇党委政府的关怀下，中学、中心小学、解家小学冬季取暖"煤改气"投入使用。

4. 学校民主管理和监督机制进一步加强。9月15日胜利召开全镇七届一次教

代会，87名教职工代表参加，审议并通过了《劳店镇学区职称评定赋分标准》。

5. 学校创建工作有新突破。劳店镇中心小学、劳店中学分别获得"阳信县教育教学先进单位""阳信事业单位考核A级单位""滨州市教学工作先进单位""全国零犯罪学校"等十余项荣誉称号。中心幼儿园顺利通过"山东省示范幼儿园"评估验收。在11月份教体局组织的全县中小学管理水平大观摩活动中，劳店学区总成绩获乡镇第一名。

6. 教师团队专业素养不断提升。小学"8012"教师提升工程扎实开展，南林等5人被评为滨州市"三名"人选，田国军等5人被聘为滨州市"教育质量评价专家库"专家，周妹君等2人晋升高级教师专业技术职务，张洪新等12名教师入选阳信县第三批"三名"工程，王志勇等29人被评为"阳信县优秀教师""师德标兵""优秀班主任""先进德育工作者"等荣誉称号，戴丽娟等教师在第十三届中国新教育论坛暨"同课异构"教学大赛等大型课堂比赛活动中分别获一、二等奖。

7. 体育工作不断强化。

在全市橄榄球比赛中，劳店中学获女子组第一名、男子组第二名；全县秋季田径运动会，初中组获全县第二名；全县中小学篮球联赛，小学男子组获全县第二名。

8.创新教育成绩显著。6月份，在全国第三届未来科学家创新大赛中，代表滨州市参加比赛的果刘小学张颖慧等9名同学分别获得二、三等奖，李文义老师被北京中科院老专家技术中心、未来科学家培养计划委员会授予"优秀指导教师"称号。

9.家校合作不断优化。

劳店镇中心小学每月一次的家长开放日活动促进了家校互信，让家长们更深层次地了解学校，了解老师，为更好的家校合作奠定良好的基础。中小学幼儿园定期的家长会、亲子教育、感恩教育内容丰实，扎实有效。

10.全镇教育平安和谐。

一年来，安全稳定工作措施得力，全镇中小学幼儿园平安和谐，人心思上。

向着卓越教育出发

——2019年元旦献词

老师们、同志们:

踏着坚实的步伐,我们即将走进崭新的2019。在此,金阳街道学区向全体教职工及离退休同志致以新年的祝贺和诚挚的祝福,并通过你们向每位家人表示最真诚的祝愿!

2018年,在街道党工委、办事处和教体局的正确领导、关怀下,经过金阳教育人的共同努力,金阳教育平安、和谐、持续发展,办学条件不断优化,中学、中心小学教学楼及附属工程完工,程坞小学、张黄小学教学楼顺利竣工验收,小刘小学教学楼主体完工;教育质量稳步提升,中考、小学抽测和综合督导评估成绩再创新辉煌,学前教育成为靓丽风景;教师、校长队伍建设不断加强,交流轮岗、县管校聘为街道教育注入新的血液,专业成长成为自觉,立德树人、干事创业深入人心。

2019年,我们将继续发扬金阳教育人自强不息、厚德载物、追求卓越、敢于担当的优良传统,一家人同心协力,着眼于师生生命的成长,打造一流教师团队,提升学生核心素养,创新课程,聚焦课堂,加强学校精细化管理,让每所学校彰显教育的灵动,促进街道教育优质均衡发展,让金阳教育向着卓越出发。

最后,祝福全体家人新的一年工作顺利,岁月静好,幸福绵长!

金阳学区教师誓词

　　我是光荣的人民教师，我庄严宣誓：

　　忠诚党的教育事业，履行教师的神圣职责。

　　爱岗敬业，为人师表；

　　崇尚师德，教书育人；

　　金石不渝，阳光博爱；

　　依法执教，严谨治学；

　　团结协作，甘于奉献；

　　终身学习，勇于创新。

　　落实立德树人根本任务，做学生良师益友，铸教师高尚人格。为梨乡教育美好未来，为中华民族伟大复兴，我愿献出全部力量。

2019年金阳街道学区十大新闻

1. 党建工作统领全局。金阳学区党总支坚持"发展教育抓党建，抓好党建促教育"，以"不忘初心、牢记使命"主题教育活动为契机，通过两会一课、主题党日、民主生活会等形式，不断加强党建工作，指导各单位在教育教学工作中守初心，担使命，找差距，抓落实，努力办好人民满意的教育；重新改组了党支部，发展了3名新党员。

2. 中小学幼儿园平安和谐。金阳学区认真落实上级学校安全会议及文件精神，积极创建平安和谐校园。完善安全机制，落实一师包多生制度，加强学生安全教育和安全提醒的落实，配齐保安和安保设施，强化工作落实，确保了建国70周年大庆期间安全稳定，全年中小学、幼儿园平安和谐。

3. 办学条件日益改善。张黄小学、程坞小学、金阳街道中学、金阳街道中心小学教学楼投入使用，小刘小学教学楼工程竣工验收；中小学附属工程基本到位，楼内现代化教育教学装备齐全；中小学、幼儿园校产设施清查、管理与维护到位；西姚、王集、赵集、张黄幼儿园实现升级改造；师生食堂、供暖升级投入使用；全县学生饮水工程现场会在金阳街道中学召开。

4. 基础教育综合改革进展顺利。金阳学区克服困难，敢于担当，顺利完成合班并校工作，严格落实"月工作汇报交流"制度，暑期开展了校长、中层干部、教师竞聘、交流轮岗工作。在公平、公正、透明的氛围中奏响改革三部曲，形成了一所中学、两个集团校小学、八所幼儿园的格局。

5. 教育质量不断提升。金阳学区以精细化管理为主线，着眼于师生生命的成长，扎实开展教育教学活动。课后服务、红色基因传承扎实推进，张黄小学获全市第三届戏曲百花奖优秀组织单位。体卫艺活动如火如荼，春季田径运动会，女子组获全县第三名；小学女子篮球获全县第三名，代表我县参加第18届市全运会，获得亚军；中学女子篮球获全县第二名。全县乒乓球比赛，中学、小学男女组分别获全县第三名、第四名；县长杯足球比赛，分别获得县第三名、第五名。2019年全县第24届艺术节，金阳学区团体总分第二名。在中小学全县统考中，中小学各年级成绩皆名列全县前茅，2019中考成绩保持乡镇办领先优势。

6. 教师团队建设成绩显著。金阳学区以打造"四有"好教师为目标，努力加强教师队伍建设，组织200余名教师外出培训，组织本学区内业务研讨活动20余次，曹树仁、常红萍、刘国玲、郭书国等一大批青年教师成长起来。值得自豪的是张春梅被评为滨州市优秀教师，孙玉川被评为山东省优秀教师。

7. 学前教育再谱新篇。成立了金阳街道学区幼教集团，并有序开展教师美术技能评比、职业道德细则测试、师德师风演讲比赛、新入职教师一日工作流程培训；完成学前三年行动计划；中心幼儿园被评为全国足球特色幼儿园，赵集幼儿园、西姚幼儿园通过了市级一类幼儿园验收；中心幼儿园魔方特色课程通过了市级验收；中心幼儿园被评为山东省区域游戏实验幼儿园。

8. 民主管理水平不断提高。金阳学区注重加强教代会建设，提升民主管理水平，提高服务意识，积极为教职工做好服务：成功开展了师德建设月活动，制定了《金阳街道2019年师德建设月活动方案》和《金阳街道2019年师德建设月活动评价办法》；组织全体教职工积极参加了2019年"爱心一日捐"；召开退休教师茶话会；教师节期间为全体在编在岗教师免费体检；召开了第二届三次教师代表大会，审议通过了系列教育发展意见。

9. 教育宣传有声有色。教育宣传工作成绩全县名列前茅。本年度组织了4次宣传员培训，在阳信手机台发稿90余篇，阳信电视台发稿18篇，山东教育电视台发稿1篇，滨州日报发稿4篇，阳县通讯发稿6篇，并通过《阳信通讯》和学区公众号（"金阳教育·感恩有您"）积极宣传我学区优秀教师的感人事迹，弘扬正能量。

10. 学生资助工作扎实有效。学区扎实做好教育扶贫政策的宣传与落实，全年先后五次核查建档立卡学生信息，加强家校沟通与联系，做实每一个细节，确保了学生资助工作精准到位。

第三章　学习与反思

办学追求永无止境

　　10月20日、22日、24日，我有幸参加了邹平一小、二小，滨城一小、逸夫小学，无棣一实、二实的教学开放活动。三天的学习，我感慨万千，这几所学校就像一个个鲜活的生命，形态各异，个性明显，都充满着生机和活力。反思自己的学校，相差很远。作为校长，我蓦然感到责任的重大，并深深体会到学校办学永无止境！下面谈一下我的感受及反思。

　　感受：

一、他们都有崭新的理念和独特的做法

　　理念和思路是办学的前提，俗话说，校长是学校的灵魂，主要就是从思想层面上讲的。几位校长在实施素质教育方面的做法令人耳目一新：邹平一小的经典诵读让中华文化在校园内彰显得淋漓尽致；邹平二小的大课外活动让孩子们懂得了什么是团队，体验了童年的快乐；滨城一小的"教师名片"让老师们体验了专业成长的过程；逸夫小学的综合实践活动丰富多彩，培养了孩子们的社会适应能力；无棣两所学校的原生态展示让我们看到了教育朴实的真谛。

二、他们的校园都流露着浓郁的学校文化

　　外显文化：邹平一小的楼道文化异彩纷呈，主要体现为经典诵读，邹平二小主要体现为书法艺术，无棣一实的展板形式再现了学校的活动掠影。走在其间，深感书香艺美，生机无限。内涵文化：我认为学校文化的精髓应该是内涵文化，邹平老师们的主人翁意识、工作状态，学生们琅琅的读书声、操场上矫健的动作，滨城一小老师们的热情礼貌等，就是最美的学校文化。校长、教师、学生的精神状态、境界、文明程度是学校文化的真谛，是学校

环境的内涵。

三、他们打造出了一个个生命化的课堂

三天里我共听了8节课，都是学校重点推荐的开放课，不同的学科，不同的风格，但都致力于打造民主、探究的生命化课堂，致力于让40分钟成为师生一段难忘的生命历程。张静老师的语文课《称赞》，在识字课里融入了口语交际和人文素养培养，变枯燥为诗意，并充满联想。刘芳老师的数学课《图形与位置》真正把数学生活化，让一年级孩子在不知不觉的生活体验中感受到空间和位置。唐明老师的音乐课《牧童》让孩子们置身于大草原，用心唱出了对牧民生活的热爱，最后课内延伸，优美的音乐《牧羊曲》让孩子们如痴如醉，下课铃声响了，孩子们还沉醉其中。刘洁老师的读书课《长大后做个好爷爷》，流畅的情感、洒脱的语言、教学的睿智让我们折服，二年级孩子的身心受到陶冶，想象力、人文素养得到提升。"生命像一件珍贵的礼物，千万不要浪费哟"会让听课的孩子以及老师受益终生。听课过程，我时而震撼，时而反思，孩子们如果从启蒙开始就接受这样的课堂教育，那是多么幸运和幸福。作为校长，震撼、思考之后我又感到了肩上沉甸甸的使命和责任。

四、他们都有对教育事业执着追求的勇气和认真学习的态度

从校长到教师，他们的汇报、学校及个人材料都充分说明他们现在的成绩绝非偶然，都是勤奋和不懈追求的结晶。在敬业、理念、追求方面，他们站在了最前沿。我们应该学习他们这种敢为人先的气魄，把工作当成事业，孜孜追求，结合我们学校的实际大胆开拓，追求卓越。

五、他们都把学生德育及养成教育放在重要地位

不管哪所学校，都有一个共同特点，即学生队列整齐划一，步伐一致，口号洪亮，学生文明有序，穿戴整洁，朴素大方。一个三四千名学生的学校学生管理得如此到位，可见平时学校养成教育的力度。

六、他们都有健全、科学的管理及评价机制

好的机制既能约束人，又能解放人，约束的是不端行为，解放的是积极性、创造性，这些学校就做到了这一点。作为校长，的确应该做到以人为本、依法治校，人文关怀与制度约束相结合，以过程及发展性评价为抓手，促使各项工作落实到位。

反思：

一、校长要加强学习

我们应该向优秀校长那样时刻强化学习。若校长善于主动学习，就能带动起一个善于学习的教师群体。重要的是，校长在学习中掌握先进的理论，树立正确的教育观，获取鲜活的教学观。更为重要的是，校长只有坚持长期的学习，才能把实践的经验和理论的智慧精妙地结合起来，创造具有学校特色的新鲜办法、新鲜语言、新鲜思想和新鲜经验。这样，校长讲话就不再是陈词滥调，而是新鲜活泼、富有启迪的智慧之音。这样，我们才会像开放学校校长那样充满洒脱与智慧。

二、学校要求真务实

校长要树立正确的出发点，为孩子一生的幸福奠基，以学生发展为本，淡化"政绩"意识。作为经济相对落后地区的我们应结合自身实际，创造、扎实地开展工作，从细节落实，我们学习的是优秀校长的精髓和思路，不是他们的样子。

三、我们要关注课堂，向常态课要质量

课堂教学应该是学校的工作焦点，校长应该引导教师努力打造学校的生命化课堂。

四、相信每一位师生的能量，并让其释放

校长要为全体师生提供展示才华的舞台。

总之，市教研室组织的教学开放日活动展示了我市小学教育的亮点，让我大开眼界，深受启发，同时交流了思想，融合了智慧，相信这次活动对全市小学教育都是一种促进。

（滨州市教学开放日活动学习心得）

学习、实践新理念，做务实、开拓的校长

10月21日至25日，我有幸参加了第二期小学校长新课程省级高级研修班。四天半的学习，共听取九名专家（省教育学院周卫勇主任、省教育学院李甲奎教授、教育部基教司教学处有宝华博士、济南市纬二路小学烟文英校长、北京师范大学刘复兴博士、山东师范大学曾继耘博士、济南市六里山小学胡爱红校长、山东师范大学徐继存博士、山东教育学院继教中心研究室主任齐健教授）关于新课程的报告。他们的报告使我学到很多东西，也给我带来许多反思和体会。

一、善于学习是校长胜任的第一条件

一所学校，校长是魂，代表着方向，代表着未来。如此重任，光凭经验和苦干远远不能肩负，只有学习，不断学习，校长才能做到思想领先，才能长远规划，科学管理。人们常说，没有思路就没有出路，有思路才会有大发展，但思路绝不是瞬间形成的，一个有思路的校长背后绝对是不懈地学习和执着地积累。九名专家的报告告诉我们学习的内容很多：校长的领导艺术、课程改革的形式和发展、教师的专业发展、生命化课堂教学的实践、学校文化建设以及新义务教育法等。研修班上推荐了四本书，分别是《改造学校待何时》《我的教育苦旅》《做一个书生校长》《玫瑰与教育》，内容丰实而感人，读后使人震撼，作者分别是程红兵、窦桂梅等名校长、教育专家，他们的共同爱好就是看书、教书、写书，他们的成长经历给我们启迪，他们学习的激情值得我们反思和学习。他们负责多种事务，工作繁重而纷杂，但都能挤出时间学习，我们学习又待何时？现在倡导构建学习型组织，但从某种意义上讲，构建学习型学校关键看校长，看是不是有一个善于学习的校长。

二、尊重地管理应成为校长的第一理念

新课改强调尊重学生，尊重学生的个性，让学生自主发展，这其中有着深刻的道理。同样，我们阳信的老师在相对艰苦的条件下发扬着奉献精神，做出了一流的成绩，更需要尊重和鼓励。李甲奎教授说得好，管理是一种服务、一种开发、一种尊重、一种沟通，尊重就是一种理性的管理。的确，当校长把教师作为第一资源，管理中洋溢着感人的尊重，流露着服务的真情，就一定会开发出激情，开发出气势，开发出各种人才，助力团队间心灵的沟通，创造出强大的生产力。烟文英校长说得好，校长平时必须做到：柔一点，多一些春风化雨；文一点，多一些生命的关注；粗一点，多一些个性张扬；活一点，多一些宽容，让教师在校园里能感到心灵的自由、灵魂的安宁、理想的放飞和奋斗的快乐。欣赏每一位教师，乐于为教师的成功喝彩，让每位教师感受到学校因他而骄傲。这应该是校长管理的最佳境界。

三、执着追求是校长成功的第一秘诀

当校长需要一定的素质，素质是一个人对事业的执着追求和品德上的严格自律。所以说，没有激情，没有一腔热忱和不懈追求，就当不好校长。济南六里山小学在生源缺乏、条件并不优越的条件下立足现状，开拓创新，追求"三精"品牌——学校精致、教学精细、学生精品，坚持开放的校本研修、开放的课堂教学、开放的校本课程，走出了一条特色开放的学校之路，使三百多人的袖珍学校成为山东省规范化学校。敬佩的同时，我们应该反思，胡爱红校长经营学校成功的背后有她执着的追求、大量的心血和不断的创新。作为农村小学校长，应该向胡校长学习，相信一个人的生命如果没有事业支撑将毫无意义，在简陋的条件下追求卓越应该是每一个农村小学校长的信念。杜郎口中学和王希奎老师也已经给我们做出了榜样。

四、生命化课堂应成为校长的第一追求

教育的本意是赋予人以价值，使受教育人的生命更有意义，更能为他人、

社会所接纳、需要和尊重。教育的根本价值在于引导"人"的生成，所以当问到今天我们究竟在追求什么样的课堂教学境界时，齐健教授指出课堂应该是思维场，注重智慧的生成和发展；应该是情感场，注重情商的培养和心灵的陶冶；应该是活动场，是自主参与的心智、肢体的活动历程，是个性张扬的师生共同成长的生命历程。总之，课堂应该是人的发展场，一切归结于孩子和教师的生命发展。现在的课堂教学价值取向应该由知识化课堂向生命化课堂转变。是的，生命化课堂，一个崭新的概念，真正体现了人本理念，关注人的生命，关注人的成长，这应该成为校长的第一追求。生命需要用生命来呵护，成长需要用成长来扶持，如果把我们的教学诗意地看成歌唱，校长应该引领教师用生命歌唱，豪迈抒情，全身心融入，引导教师们明确生命化课堂必须是真实的，而非虚假的；必须是深刻的，而非肤浅的；不需要做作，需要的是扎实、充实、丰实、平实和真实。

齐健教授说课堂教学的最佳境界应该是震撼，以及震撼之后带来的深刻思考，我感受至深。的确，作为校长，就应该带领教师们追求这样的课堂境界，追求生命化课堂是校长的责任和使命。

五、促进教师专业发展是校长的第一要务

教师队伍专业发展，学校才会生机盎然，促进教师专业发展是校长的第一要务。校长是教师队伍的引领者、帮助者和伙伴，应该引领教师多元发展，使教师成为最好的自己。其中，构建学习型组织就是有效的举措。济南纬二路小学烟文英校长通过开展读书会、教育论坛、读书漂流、创建工作室等活动提高了教师的专业素质，使教师的思想在研讨、碰撞中闪光。组织活动，她主张让教师带着问题来，带着积淀来，带着思考来。读书活动使该校教师团体不断反思，不断开拓，取得了事业的成功，感受到了人生的幸福。作为校长，我们也应该从战略的角度思考和谋划教师队伍建设，关注教师的事业成功和职业幸福，关心教师精神上的需求。通过团体学习，拓展文化视野，丰富文化素养，提升精神境界，给学校发展注入与时俱进的文化理念，使先进文化积淀为高尚的人格，使知识转化为群体智慧，进而形成推动学校不断发展的文化力，同时

促进教师的专业发展。

六、经常反思应成为校长的第一行为

"理念因不断反思而升华，吾日三省吾身，三省吾课堂，三省吾学生之成长，乃人师也。"这是我校教师教学日记封面上印的一句话。几天的学习，更使我深知反思的重要性。我们必须当一个反思型的校长，反思办学理念，反思学校管理，反思教师队伍建设，反思学生德育效果。反思使校长更理性，经常反思是校长专业化成长的前提。打造反思型学校离不开建设一支反思型的教师队伍，而建设反思型的教师队伍靠的是有一个反思型的校长。当一个校长开始深刻反思并付诸行动时，他的学校也已经开始了走向辉煌的第一步。文局长说，千学万学，学了不用不如不学。这就要求我们必须学以致用，需要我们不断反思、内化和创新。给研修班上课的教授和校长，他们渊博的学识和独特的见解来源于不懈学习和深刻反思，他们在报告中都呼唤着同一种理念——做反思型校长，构建反思型学校。

经过研修学习，我对校长学习、尊重管理、事业追求、教学理念、教师专业发展、反思型组织构建等方面有了更深刻的认识，在今后的工作中，我一定和我的老师们坚持新理念，齐心协力，奉献无悔，为阳信的农村小学教育做出贡献。

（山东省第二期小学校长新课程高级研修班学习心得）

立足本土，科研兴教；着眼成长，提升质量

11月23日至25日，在教育局王玉军局长的带领下，我有幸参加了山东省农村中小学科研兴教现场研讨会。活动的基本内容是：23日傍晚德州报到；24日上午在宁津听取了张志勇副厅长的报告及宁津教育局领导的工作介绍，下午在宁津第一实验小学参观考察并听取两节公开课；25日上午在德州听取了宁津三位校长、一位教师、一名学生的发言介绍，陈培瑞、陈为友等五位专家的点评，亓殿强所长的讲话总结，下午一点半返回阳信。整个过程紧凑充实，我深受感触，收获很大，下面谈一下此行的收获与体会。

一、我们要立足本土，扎实科研兴教

宁津的达标教学，我们阳信并不陌生，它追求的是有质量的教育，让课堂教学从内容中心走向目标中心，每节课坚持当堂达标、当堂训练，"堂堂清"，"节节清"，目的是防止学生学业成绩的两极分化，促进优秀学生的发展。达标教学，①教学起点：从模糊到明确。②教学行为：从关注内容到关注发展。③教学过程：从随意到可控。④教学形式：从群体到个别。⑤教学效果：从不可测到可测。它的流程（王玉军局长已经在平台发出）还需要我们的深化理解和掌握。

宁津县作为经济欠发达地区的代表，靠自己的智慧和汗水办出了一流的教育，形成了"宁津现象"，的确令人赞叹。宁津的成功告诉我们，不同的地方应该结合自己的实际立足本土，搞适合自己的教育科研，相信适合自己的才是最好的。在谈到什么样的科研才能兴教时，陈培瑞研究员说：①借鉴先进经验、古为今用、外为中用的科研能兴教；②能使教育顶天立地的科研能兴教时，陈培瑞研究员说；③借鉴先进理念、立足本土、扎实有效的科研能兴

教；④区域推进、整体提升的科研能兴教；⑤不跟风、不浮躁、踏实的科研能兴教；⑥学习中学会学习、科研中学会科研的科研能兴教。通过参观，我发现宁津成功靠的是理念+思路+实干，以及持之以恒、咬定青山不放松的精神和气概。他们的当堂达标科研具有科学性、实效性和实践性，区域推进，整体提升，是一项了不起的科研工程，切实提高了课堂效率，提高了教育教学质量。我们应该学习宁津，一是他们教育改革的勇气，坚守科研、坚韧不拔的精神；二是他们因地制宜、注重实效的作风。我县王希奎老师的交往互动式小组教学就很符合我们农村学校实际，扎实有效，我们应该坚持和创新，努力借鉴洋思、杜郎口、宁津的先进理念，借鉴先学后教、师生互动、当堂达标的实效办法，努力提升阳信课堂教学的效率和水平。

二、我们要强化教师的专业发展

张志勇副厅长说科研兴教的关键在教师。要想推进素质教育必须有一支高素质的教师队伍，促进教师队伍的专业发展是我们学校可持续发展的根本保证。

第一，我们必须加强教师职业道德建设。教书育人靠的是职业理想和职业良心，它的很多内容不能用分数量化来评价，高尚的职业追求是学校发展的原动力。我们追求的境界应该是让每位教师静下心来教书，潜下心来育人。试想，一个没有思想没有爱心的教师队伍会培养出什么样的学生？评价教师，我们应该走出"技术至上"的误区，业务能力固然重要，但从某种意义上讲，它只是一种生产力，如果缺乏师德，没有激情追求，具备这种生产力的人也无济于事，做不出贡献。教育应该洋溢着人文情怀，充满爱和和谐。我们要靠自己的智慧让学校充满尊重和激情，让每位教师激情工作，快乐生活，走进学生心灵，时刻有爱的追求。当然，校长首先应以身作则，张志勇副厅长举了一个例子，某学校一位优秀校长能叫出全校每个学生的名字，可想这是多么人文的教育，这是多么人文的氛围。

第二，努力提升教师教育科研水平。①学校要强化教师学习，学习先进理念、先进的教育思想，让自己的团队站在教育发展的前沿。宁津之所以成功，就是因为全县教师都能实践当堂达标教学的理念，扎实探索着朴素有效的教育科研。回顾一下，我们的教师（包括我们的校长）一年下来能看多少书？陪伴我们的大多是教材、教参和几本教育刊物而已。试想，一个不爱学习的校长怎能带出爱学习的教师队伍？不爱学习的教师又怎能培养出会学习的学生？②学校要注重教育教学反思，通过反思升华教师的理念，培养教师创造性教学的能力，让我们的教师首先超越自己，然后超越别人。③有条件的学校要强化集体备课，发挥集体的智慧，减少教学失误，减少错误的积累。④发挥名师效应，利用身边的榜样来引领教师走专业成长之路。

三、我们要更新教育价值观，扎实推进素质教育

张志勇副厅长说，中国目前实施素质教育最好的地方是特殊教育学校，真正做到了培养孩子自主自立的能力，在那里我们看到了教育的真实面目。一番话应该引起我们每一位教育工作者的深思，我们的学校教育是怎样做的？我们应推行素质教育，从高远意义上讲，就是在教育领域落实科学发展观，走可持续发展之路。我们应该培养学生先学做人，再学做事、学习，减轻孩子过重的重复性的课业负担，增加实践性的生活教育素材，提高学生适应社会、创新自立的能力。这就需要我们把素质教育和考试现状有机结合，严格落实课程方案，开全开足课程，树立课程高于教材的理念，探索课程的开发和重组，努力提升学生整体素质，为培养新型农民、新型市民而努力，办关注平民、惠及民生的公平教育。

（山东省农村中小学科研兴教现场研讨会心得）

把常规做到极致就是特色

3月21日至26日，我有幸到邹平九户中心小学挂职学习，一周的时间，与该校李曰泉校长多次交流并专门访谈，收获颇丰，感受深刻。

3月22日上午，升旗仪式后，我参加了九户中心小学的班子例会，各中层分别汇报了新学期的规划打算，最后李曰泉校长总结。关于学校的特色建设问题，李校长说："我认为学校特色就是抓落实，因为我们很多学校不缺少管理理念，缺少的就是落实，把学校日常工作做好，做细，做实，做得比别人强，做到极致就是特色。"我对李校长的观点非常赞同，把细节做好，做到极致，做出显著成效，本身就是学校的特色。九户中心小学窗明几净、养成教育成绩斐然就足可以成为学校特色。当时我就想，今后必须把这个观点当成自己工作的座右铭，引领学校团队用心做事，追求卓越，独成特色。

23日，我专门来到李校长办公室，与他交流班子成员的管理问题。李校长说，他们学校有一支战斗力、凝聚力非常强的班子成员队伍，每个人各司其职，团结合作，敬业奉献。问其如何打造而成，他说当校长首先得当个好人，诚信对待全体教师，只要校长真心对待大家，他们一定真诚对待你，拥护你。的确，九户中心小学中层的落实力、执行力相当出色，大家无怨无悔，快乐工作，这足以说明李校长的人格魅力和领导才能。是的，先当个好人，当个尊重和热爱师生们的人，才有可能成为好校长。校长必须加强个人道德修养，热爱身边的每一个师生，用自己的爱和尊重唤起教师工作的激情，得到爱和尊重的回报。

25日下午，我主动与李校长进行了交流，主题是学校的课堂教学。李校长介绍，邹平市"高效课堂示范校"评选活动已经开始，他们学校全体师生正积极准备争创工作，学校正开展"三好一星"活动——好的备课、好的课堂、好的反思，构建星级教师。他们主张课堂要高效生态，要让学生自主学习、交往互动、自助展示，成为学习的主人，以一个完整的生命体参与知识的探究和形成过程，实现师生的共同成长。我想课堂是教育教学的主阵地，聚焦课堂、实现课堂的高效性应该成为我们校长的首要任务。

26日，上午第二节课，我们又找到李校长，谈起教育质量。李校长再三说，教育质量是学校的生命线，是学校赖以生存的基础。作为一名校长，一定要有高度的质量意识，要及时了解教师的工作态度和状况。当前素质教育形势下，上级对考试进行了规范和要求，但学校必须抓好单元质量检测，做好教学的调控。我完全赞同李校长的观点，现在的教学质量绝对不是单纯的分数，它包括的内容很广泛，我们要关注学生生命的成长。成绩当然要，但不能违背素质教育要求，只要办学行为规范了，课堂高效了，学生真正自主学习了，教育质量是水到渠成的事情。

李校长是一名干了近20年的老校长，深受全校师生的爱戴，学校工作走在全县前列，成了邹平教育的一面旗帜，这和李日泉校长的智慧和实干、情怀与坚守密不可分！欣赏李校长的办学风度，向李校长学习！

（邹平九户镇中心小学挂职学习访谈体会）

终生难忘的成长足迹

4月22日

6：10，我们劳店一行五人准备乘车去教育局，大巴车来了，学员们纷纷上车，坐在座位上，我想象着美丽而难得的北京之行。

一路阴天，到了天津下起了细细春雨，望着高速公路边细雨中嫩绿的垂柳，景色宜人，心中惬意，闭眼细思，心想这次北京研修学习也必将为阳信的小学教育增添不少春色。

到达目的地——北京航空一招，已经下午一点多了，大家先吃了午饭，然后彭局和陈主任召集各乡镇组组长在314房间开会，对本次研修进行了安排和要求。的确，能出来学习很不容易，机会更是难得，一定要认真学习，注意安全，文明守纪，努力提升自我，共同树立阳信校长队伍的良好形象。

4月23日

早饭后，各小组组长到314房间开会，彭局和陈主任对研修班的班委进行了分工。我担任卫生委员，一定努力为大家提供良好的卫生环境，为高校学习提供后勤服务。

8：30准时开班，地点是一楼会议室。北师大林法煌主任致开幕词，彭局做了重要讲话，要求我们珍惜机会，积极学习，大胆提问交流，争取办一流的学校。

第一位讲座的是王晓春教授，题目是《问题学生的教育》。年龄虽大，但机智、幽默，思路清晰，有自己独特的见解，这是我对王老师的第一印象。王老师对"问题生"的内涵进行了阐述，对"问题生"教育的七个观点让我耳目一新。他说很多老师"满脑子都是'应该'"，这种理解是非常不正确的，"应该"不是科学语言，而是道德语言，对"问题生"不能简单教育、说教，而应该"治疗"，需要个案"治疗"。我非常赞成这一观点，简单的"治疗"一词让我深受启发，许多老师"一人生病，全家吃药"的做法的确存在，王老师所举事例对我们打造高效课堂、减少课堂损耗启示很大。教育处处有学问，很多值得研究的课题就在我们身边。王老师一上午的报告把专业型、专家型、研究型的学者形象展现得淋漓尽致。教师应该是研究型教师，我们校长更应该做研究型校长，只有研究才有创新和提升。

随笔：

下午给我们做报告的是北京史家小学的卓立校长，他的报告让我对史家小学的办学水平有了一个初步的感知，那是一所硬件设施全国一流的小学，他们的现代化硬件让我们目瞪口呆、惊叹不已。内部管理、规范特色是校长的职责，而发展学校、经营学校是校长的使命，我们做得远远不够。卓立校长的胆识和魄力让我折服，经营学校的确需要校长意识超前，思路创新。

随笔：校长要站在精神的高地，做学校精神的领袖，这就要求校长要善于学习，阅读文本，"阅读"学校工作，并善于梳理，善于反思，不断提升理念，形成核心文化，用文化统领学校，用文化引领师生幸福成长。

4月24日

上午给我们做报告的是赵希斌博士，主题是"教师评价与教师专业化"。赵希斌博士知识渊博，思维敏捷，对教育、社会现象的本质分析得特别透彻，看问题全面，与众不同，有自己独特的观察视角。

随笔：的确，我们要重新审视教师的评价问题，尤其在素质教育的今天，这是很重要的事情，它关系到学校的发展，决定了教师的专业化水平和提升进程。

教师的评价是需要我们认真研究、认真探索的课题。教师评价标准的制定要着眼并促进教师的专业化成长，应把评价作为一个杠杆来促成教师的专业化，教师在专业化进程中来体验职业的幸福感，提高教学效能。

赵博士对专业教师的特征从四个方面进行了诠释，分析得很科学、全面。讲到教师的专业化目标，赵博士说"专业意味着你能干的事情不是随便每个人都能干的"，我认为这句话不光对教师，对校长也有很大的启发。

随笔：学生不怕累，怕的是无聊，老师亦然。我们的评价内容和机制决定着教师的劳动性质，科学的评价办法才能实现教师专业的可持续发展。

作为一名校长，办名校、当名校长应成为"副业"，"主产品"应该是学生的成长、教师的专业成长。我认为这是校长的价值观问题，校长要心中有"人"，有"人的生命"，有师生的幸福。

下午做报告的是北京十四中学的王建宗校长，他的报告让我感触很深。一下午的报告慷慨激昂，一名激情校长、使命感校长的形象展现得淋漓尽致。

两个半小时，王校长的激情和大气让我震撼，我被带到了一个全新的高度来审视校长的使命。

校长要提高学校的文化力，打造学校的精神文化、课程文化、管理文化、教学文化，让文化统领学校，让学校的文化不断升华，不断渗透。

4月25日

上午，我们参观了北京史家小学、北京第二实验小学，一流的设施、设备让我替北京的孩子感到幸运与幸福。他们的办学理念、经营理念很有气魄，站在了中国教育改革的前沿，值得我们反思和学习。

下午我们参观了北师大和清华大学，一种来到圣土的感觉。可惜这辈子没上过大学，没有大学生活的体验，但愿自己的孩子、自己的学生将来能接受优质的高等教育。

4月26日

上午做报告的是刘儒德教授，题目是《学习的科学与教学的艺术——教育中的心理效应》。

其中"沉锚效应"让我深受启发，刘教授从心理学的角度讲解，专业性与教学实际结合是他讲座的特点。我从心底里感觉刘教授讲得真好。

关于教学中的"锚",他的见解是：在课堂上，教师的提问是"锚"；在案例教学中，案例是"锚"；在例题教学中，例题是"锚"；在作文教学中，范文是"锚"；在情景教学中，问题情境是"锚"。他讲的"预防心理超载"，正确处理学习中的认知负荷；学生的记忆规律，正确的记忆方法，有自己独特的见解，我感觉非常有道理，这对于打造高效课堂、提高学习效率非常有用，对于校长的管理艺术也很有帮助。

下午做报告的是全国教育学会郭振有副会长，报告的题目是《实施规划纲要，促进教育家成长》。郭老幽默的语言、生动的实例、高深的见解令人折服。

他对《纲要》进行了细致的诠释，包括三大目标、20字方针、一个主题、八大任务、六大改革、十大工程、十大试点，以诠释《纲要》为载体，阐述了教育家的成长途径。

他说教师、校长的成长历程应该是：事务型——事业型——专家型。乐群意识和领袖能力的培养很重要，一个人的成功，15%靠专业知识，85%靠人际关系。不要用一个人100%的努力去完成任务，而应该用100个人1%的努力去完成任务。我觉得很有哲理性，强调团队、合作的重要性，但我们目前的孩子很多不能善待伙伴，不懂欣赏他人。

在讲到什么样的人能成为教育家时，他说：

1. 人格高尚。

2. 充满爱和激情。不要想和一般人一样生活，否则你就成了一般人。

3. 做最好的老师。做最受欢迎、最能演讲、最善写作、最出成绩、最爱读书的老师。

郭老的几句格言，我不仅记下，更是受益终身：

"因为我来到这个世界上，而使别人幸福！"

"仅有爱是不够的艺术。"

"宁静致远，静观自得；静水深流，心静自然凉；静则得之，躁则失之。"

4月27日

上午做报告的是北京广渠门中学的高金英老师，题目是《培养一支有价值的教师队伍》。

高老师可谓女中强人，作为学校"宏志班"的班主任，所任班重点大学录取率高得惊人，深受学生、家长、社会的爱戴。

出众的口才、幽默的语言、开朗的性格、特好的记忆是我对她的评价。

报告给我的启示主要是教师、校长要有一个好的心态。

教师不但是工作者，还应该是学习者和研究者。静下心来，受益的是学生，而最终受益的是教师自己。"两个驴子"的寓言很有哲理，原地拉磨的驴子并没有少走道路，但它是在原地重复。作为教师应该有自己的教育理想，在理想实现过程中追求幸福。作为教师，把学生看作魔鬼，你就会生活在地狱里；把学生看作天使，你就会生活在天堂中。乐是自己找的，烦是自己寻的。教师要用责人之心责己，用束人之心束己。总之，好教师是赢在心态上。

她阐述了走向成功的秘诀：

1. 敬业精神。

2. 忠诚。

3. 良好的人际关系。

4. 具有团队精神。

5. 自动自发地工作。

6. 注重细节，追求完美。

7. 不找任何借口。

8. 具有较强的执行力。

9. 找方法，提高工作效率。

10. 为单位提好的建议。

11. 维护学校的形象。

12. 与学校共命运。学校平台高，教师的平台才高。

随笔：活着的每一天都是特殊的日子。

作为校长，要有责任心和爱心，还要有阳光的味道。

成功的秘诀是每天比别人多干一点！

下午做报告的是中关村一小的刘畅校长，题目是《让我们的学校更优秀，让我们的学生更优秀》。

她首先说的是职业定位问题，校长不但是管理者，把事情做正确，更应该是领导者，去做正确的事情。作为校长，应先成为引领者，再做助推者，最后成为守望者，鼓励教师超越自己，超越校长；鼓励教师挑战惯性，改善心智模式，做有想法的教师。

她说教师是无声的教材，引导教师"与我无关——与我有关——我的责任"，形成良好的学校氛围。

她说："学生可以不喜欢我的学科，但不能让学生不喜欢我。"这对我启示很大。

晚上7：00，阳信学员班进行全班学习交流。

各乡镇出一名代表上台交流本组学习体会，然后是自主发言，我在自主发言中说了三点：

1. 做激情校长。激情是学校赋予校长的使命，没有激情就没有了校长的追求和创新，卓立、王建宗校长为我们做出了榜样。

2. 做思想校长。"带领人英勇善战是将领，鼓动人英勇善战是思想家"，做思想领导的校长才会使学校内涵发展。

3. 做专业校长。学校管理是一种专业，要理性办学，科学管理，做一名自己能干的事情而别人却不能干的校长。

彭局讲了三点：

1. 做学校师生的贵人。

2. 重新确定自己的办学思想。

3. 消化在北京的学知，转化为自己的能力。

陈主任最后做了强调：

1. 做到"五讲"：讲勤奋、讲尊重、讲协作、讲学习、讲服务。

2. 用整个的心思做整个的校长。

3. 珍惜机会，注意学习细节，注意思想交流，争取做学生生命中的贵人。

4月28日

上午，我们来到了北京革新里小学，学校不大，但能感觉到学校办学的质朴和生动。

首先听了80分钟的连堂语文课《桂林山水》，授课人是崇文区教育研修学院的王文丽老师。

80分钟，两节课，我感受着真正的"语文味"，感受着语文教学的魅力，感受着师生与文本的对话，感受着孩子朗读的优美，感受着什么是洒脱、什么是人文素养的培养……王文丽老师的课没有做作，一直很平静、自然，但我相信在场的阳信校长、孩子们会对这节课终生难忘。一个孩子如果从小就跟王文丽老师学习，是何等幸运！

之后，王老师又做了专题讲座——构建理想课堂，提高教学实效。她对理想中的课堂进行了界定：

有人：心中有学生，心中有生命。

有本：语文教学的根本、文本。

有情：多情的眼睛、积极的情感、恰当的评价促进情感的生成。

有智：把学生的错误当成一种资源，智慧来自包容和爱。

有法：读书是最好的备课，课堂上心理安全很重要。

有效：教学环节简化，教学方法简便，教学媒体简单，教学语言简要。

一上午，我被王文丽老师的教育人格所感动，被她的教育艺术所吸引。

下午，北京教育学院宣武分院的刘德武老师首先上了一节数学课——《认识厘米》。60多岁的老教师，亲切和蔼，满面春风。整节课充满了民主与和谐，刘老师设计的问题环环相扣，问题情境有序创设，启迪着孩子的智慧，引发了孩子的真实思考，自主、探究在每个孩子身上得到实践。60多岁的老教师是一个有心人，更是一位研究者。

接着，刘老师做了《根据学生需要设计教学内容》的报告，从六个方面进行了阐述。刘老师从教育学、心理学角度对学生的需要进行了归类，并就如何设计教学内容谈了自己的经验，听后让人佩服、折服，继而是敬仰。

随笔：两节语文课，一节数学课，共120分钟，分分秒秒都在震撼；一名中年，一名老年，两个年龄段教师代表给了我数不清的思考和感动！我重新审视了什么是课堂。

4月30日

上午做报告的是北京海淀区居山小学王淑清校长，题目是《坚守教育的责任，夯实发展的根基》。

该校90%的学生是外地务工人员子女，10%是当地农民子女。该校坚持德育为先、能力为重、全面发展、尊重差异的全纳教育。

王校长强调，优秀的习惯是一个人一生取不完的存折，不良的习惯是一个人一生缴不完的罚单。作为教师，应树立"我能行，我负责"的意识，努力去追求卓越，实践责任的内涵。她说生命的意义不在于休闲，而在于付出，在于执着的信仰。

下午做专题报告的是北京第二实验小学的李烈校长，题目是《建设学习型组织，促进教师主动发展》。

李校长是一位专家型校长，她说："我当校长不是要'管'教师，而是要为教师成长服务，要帮助教师找到工作的快乐！"她认为教师快乐才会有创造性，让教师快乐是对生命的尊重，是对教育的尊重。

她一直坚持"双主体育人"思路，认为学生是学习活动的主体，教师是教育工作的主体，两个主体通过自育、互育协调互动，共同发展。

她主张：一、学校要建设开放、和谐的团队氛围，包括管理者之间、同事之间。二、校长的办学理念要转化为教师的认知和行为，形成学校独特的文化，用文化的力量统领学校，当然这里需要积淀和升华的过程。李烈校长"以爱育爱"的办学理念已经成为一种行为，一种氛围。三、指导团队学习，形成学习网络，构建发展型学习机制，鼓励教师自我超越。

随笔：成功属于那些比他人更快更有效地学习、思考和付出的人。学校管理者的角色与行为要努力转变，由管理者向领导者转变，由单一角色向多重角色转变。

校长自我修养很重要，校长要有好心态，要勇敢，要舍得，要有耐心，要有好形象，做一个大气、有情怀、有思想、爱学习的校长。

（阳信小学校长北师大高级研修随笔）

用整个的心思做整个的校长

4月23日至30日，我有幸参加了县教育局组织的小学校长北师大高级研修班，期间共听了12位专家、名校长的报告，参观了北京市两所名校，观摩了两位专家的课堂教学，还利用晚上时间进行了小组交流和全班学习交流。研修过程紧凑、有序、充实、高效，专家们先进的理念、独特的视角、独到精辟的见解深深吸引着每位学员，我时而豁然开朗，时而产生共鸣，时而强烈震撼，时而深深反思。8天的学习研修，我不断思考，体会很深、很多，我领悟了"教育要有使命感"的内涵，感悟到校长追求人生时间的紧迫，涌荡起"用整个的心思做整个的校长"的激情。

一、专业化应该是校长自身成长的方向

王建宗校长说，校长办学要高扬起专业的旗帜，耸立起科学的高峰，办学育人要以专业化建设为纲领。我们一直要求教师队伍要专业化，而作为校长更需要专业化，因为学校管理是一门专业，校长的专业化程度直接影响着学校办学的品位。校长不能只依赖于"勤"和"情"，而关键在于"理"，理性办学，科学管理，学校才会内涵发展。校长不能只依赖于常规和经验，而关键在于思考和创新，有自我反思、自我发展的意识，做到自己能干的事情别人不能干，才会体验到校长职业的幸福感。

二、思想领导应该是校长的核心任务

都说校长是学校的灵魂，一个好校长就是一所好学校，从一定意义上讲，主要就是强调校长思想领导力的关键作用。校长既是管理者又是领导者，但更应该做好领导者角色，不能只正确地做事，更要关注做正确的事，做好决策，

做好思想引领。校长的职责、任务不是经营事务，而是经营思想。王建宗校长说得好，"带领人英勇善战是将领，鼓动人英勇善战是思想家"，形象的比喻告诉我们，思想领导是校长管理的最高境界。所以，作为校长，要时刻牢记提高自己的思想领导能力，努力站在学校精神的高地，用思想的明灯照亮师生的心田，发挥校长思想对师生精神世界的作用力。

当然，校长的思想不是凭空而来，而是在多年的办学实践和事业追求中反复锤炼形成的一种办学理念，一种办学追求和信仰。

三、文化引领应该是校长办学的理性行为

学校是文化的摇篮，没有了文化就称不上是学校。文化是一种能改变人、陶冶人的氛围，是一种无声的教育。制度固然重要，它能约束人的行为，使人不敢犯错误，但文化约束的是人的心灵，激发的是人的积极情感，它使人不愿犯错误。所以，一所优秀的学校靠的不是行政制度，而是洋溢人性的文化。办学校就是办文化！校长要打造学校的精神文化、课程文化、管理文化、教学文化，形成本校的"教师精神"和"学生精神"，使正气成为学校文化的主流，让文化统领学校。

四、激情应该是校长具备的工作品质

12位专家、校长的报告风格、视角各异，他们的工作岗位、工作思路也各不相同，但他们有一个共同的特点，那就是充满阳光和激情。老前辈王晓春教授、卓立校长、王建宗校长、郭振有督学、高金英老师、刘德武老师、王淑清校长，年龄虽大，但整个讲座过程慷慨激昂、妙语连珠，他们对教育事业的激情流露无遗。王建宗校长的《为我而歌》更是激情而奔放，豪迈中让人感动。年富力强的赵希斌博士、刘儒德教授、刘畅校长、王文丽老师、李烈校长，他们对事业的孜孜追求和探索，取得的成就和业绩，让人感受到了激情的力量、教育追求的神圣。是啊，激情是学校赋予校长的使命，没有激情就没有了校长的追求和创新。

五、读书应该是校长的自觉习惯

王文丽老师讲到,读书是最好的备课。读书改变形象,改变气质,读书是最好的美容佳品,可见读书对人的重要性。作为校长,要想成为学校的知识权威,站在教育理念的前沿,最好的办法就是读书。校长要想有让人羡慕的口才,讲话中富有哲学的理趣、散文的韵致、诗歌的音律、信仰的情怀,最好的方法也是读书。广读书、交高人、善反思,走进书本,与文本对话,在心灵碰撞中不断提升自我,是名校长成功的必由之路。不读书不能教书,更不能领导读书的人。每天,我们都应自问:今天我读书了吗?

六、教师评价应该是校长探索的首要课题

反思我们的教师评价,我们的出发点是什么?我想,目前我们大多是为了给教师一学期或一学年的工作做一个终结性评判,目的是甄别优劣,至于怎样促进教师专业成长及潜能的发挥,让其体验职业的幸福,我们思考得很少,更没有做好。其中,教师书写教案、业务笔记一项,我们制定的评价标准、条条框框没有起到促进教师用心备课的作用,反而备课成了一味抄写、费时耗力的得分工具,这与打造高效课堂格格不入,与促进教师专业成长背道而驰。这绝对是我们的常规评价出了问题,所以教师评价是校长一个非常重要的研究课题,它直接决定着教师劳动的性质和个人成长方向。教师评价标准的制定应该着眼于促进"人的发展",应把评价作为一个杠杆来促成教师的专业化,让教师在专业化进程中去体验职业的幸福,实现教学效能的提高。今后,这需要我们潜心研究。

七、德育创新应该是校长的不懈追求

德育为首,强化学生养成教育,培养孩子良好习惯,已成为广大学校办学的共识。但纵观我们学校的德育方式,又会让人产生担忧,我们的德育管理采用的是简单的说教制度,认为通过检查和评比就能解决问题。其实德育应该是在生活中不着痕迹地进行,古人强调"无为而治"说的就是这个道理。因此,

德育的艺术不是生硬说教，而是结合日常生活很自然地让学生接受教育。淡化教育痕迹，其最高境界是达到"不教而教"，表面上看不是教育，实际上却是深刻的教育。因此，我们可以把教育内容渗透到出操、课间游戏、放学列队、学习习惯等每一个环节，渗透到学生的一言一行之中，在一种和谐、自然的气氛中让学生自然地、不知不觉地接受教育，这样的教育效果会更加有效。

对待"问题生"，要相信小学生没有品质问题学生，只有习惯问题学生，对"问题生"要从根源上进行个案"诊断"和"治疗"。王晓春教授说，没有"诊断"就没有真正的教育。我们在这方面做得还远远不够，校长和老师不能急功近利，要静下心来真正研究，通过"诊断""治疗"，切实提高学校的德育实效。

八、理念转化成行为应该是校长外出学习的归宿

北京高级研修来之不易，直接与代表全国教育前沿的大师、校长对话更是难得。培训期间，人人踌躇满志，都觉得学到了很多东西，回家后一定要好好干一场，但往往回到岗位上琐碎的事务又会把我们拉回从前的状态。"学校要以人为本""学校要办出特色"，这些培训时耳熟能详的理念理解起来容易，转变为行动就困难了，变为自己血液中的东西更是难上加难，所以校长要挑战惰性，挑战惯性，经常翻看自己的外出学习笔记，温故而知新，努力坚持把理念用于工作实践，并在实践中不断提升自己的理念。

总之，通过参加高级研修学习，我学到了很多，感受至深，专家、校长的报告使我开阔了眼界，拓宽了思路，他们的不懈追求为我树立了榜样。同时，我对校长的使命有了新的感悟，对自己的工作有了新的激情，我将全身心投入我的学校，洒脱地、忠诚地用整个的心思去做整个的校长！

（阳信小学校长北师大高级研修体会）

理念，让学校的一切变得美丽

5月11日，我有幸参加了教育局组织的赴莱芜市口镇中学、莱芜二中、丈八丘小学的参观学习。一天的参观学习忙碌而充实，我看到了很多，感受了很多。

走进口镇中学的第一感觉是规范而朴素，学校浓厚的文化底蕴与端庄简朴的校舍设施相衬映，环境文化、管理文化、课程文化、精神文化到处流溢，让人感觉到真正的学校韵味。校长的学校管理介绍娓娓道来，如数家珍，清晰的思路、个性的思想、执着的品行让我折服。

到了丈八丘小学，震撼与反思相伴，不相信眼前的学校就是如雷贯耳的丈八丘小学，从校园参观的视角找不到"名校"的感觉，但其内部的课程管理、精细工作让我反思和震撼：我们往往以师资差、校舍设施差而心安理得的落后，丈八丘却没有任何借口，贫瘠的教育资源实现了效益的最大化。丈八丘的管理对我与我的学校是鞭策和唤醒。

回来以后，我不断地思考，思考他们成功的因素有哪些，最后还是回归于常说的一句话：一个好校长就是一所好学校！同时对校长这一岗位有了更清醒的认识。

一、当校长必须要执着追求

丈八丘小学在师资缺乏、校舍设施条件落后的条件下立足现状，开拓创新，以机遇赢得机遇，以超越赢得超越，创造性落实课程方案，走出了一条农村小学勇立潮头的办学之路。敬佩的同时，我们应该反思，董春玲校长经营学校成功的背后有她执着的追求、大量的心血和不断的创新。作为农村小学校长，应该向董校长学习，在简陋的条件下追求卓越应该是每一个农村小学校长的信念。

二、当校长必须要善于学习

一所学校，校长光凭经验和苦干远远不能胜任，只有学习，不断学习和反思，校长才能做到思想领先，才能长远规划，科学管理。从口镇中学校长的工作介绍中可以看出，他是一位善于学习、注重反思的校长，学校的办学理念、"10×4"教学模式、课程管理、德育实践、校务公开等无不凝聚着校长的学习积累和反思提炼。

三、当校长必须要关注课堂

三所学校有一个共同特点，就是校长都特别关注课堂教学，注重课堂教学的改革实践。口镇中学采取异质构组、自主互学、同质走班、专项辅导课堂模式，"生活、细节、唤醒、拓展、简约、体验"成为课堂的关键词，这一切离不开校长对课堂的聚焦和关注。"最美的风景在课堂"，课堂应成为校长最为关注的地方。

四、当校长必须要有自己的理念和思想

参观这三所学校，我最想说的一句话就是：理念，让学校的一切变得美丽。的确，学校的差别关键是理念的差别，一个校长的理念决定着学校的发展高度，一切名校的背后必有一个有思想的校长。而我们的理念从何而得？一句话，探索、实践、反思、提炼，用心做教育才会出思想。

五、当校长必须要促进教师的专业成长

这三所学校都特别重视教师的专业成长，莱芜二中的周末讲堂、教育论坛等活动提高了教师的专业素质，使教师的思想在研讨、碰撞中闪光。丈八丘小学年龄老化的23名教师队伍中有4人被评为市教育创新人物，着实不简单！我们应该向他们学习，为我们的教师提供好的发展平台，让教师们取得专业成就，感受到职业的幸福。

（莱芜参观学习心得）

走在"1751"的道路上

8月10日至12日，在局领导的带领下，阳信一中、劳店中学、劳店第一小学三所山东省"1751"改革创新工程项目学校校长、项目负责人一行8人在日照参加了"1751"工程的第二次会议。

期间，省课程研究中心领导分别对工程前期工作进行了总结，对下学期工程推进工作进行了部署，对学校发展规划制定进行了安排，举行了"校际联盟"项目启动仪式。张志勇厅长做了讲话，专家组成员针对5月份学校诊断工作进行了面对面的反馈交流。下面谈一下我的几点感触与反思。

一、改革一所学校，首先要改革学校的精神状态

学校永远不会"被发展"，作为改革项目学校，我深感校长的责任和重要，今后一定要落实好"双层助力，整体推进；四线切入，重点突破"的工作思路，在学校管理、课程落实、教学改革、提升教师素养几个方面努力探索实践，学习专家组崭新的理念和指导学校的先进经验，带领教师团队走适合自己的路，用激情面对机遇和挑战。

二、做有教育情怀的教师

张志勇厅长说，决定职业生活图景的不是技术，不是能力，而是职业情怀。的确如此，反思我们身边的优秀教师，他们的共同特点是都有着赤诚、持久的教育情怀。我们要引导教师回归教育的原点，减少功利，在物质生活与精神生活之间寻找平衡，在个人生活与职业生活之间寻找平衡，在教育理想与教育现实之间寻找平衡。

三、做有幸福感的教师

张志勇厅长把教师与医生进行了职业比较，两种职业都是受人尊敬的，但医生是与有病残或即将消亡的人打交道，我们教师是与成长的生命打交道，从这个意义上讲我们是多么的幸福。作为教师一定要分享生命成长的快乐，把俭朴的生活、高贵的心灵作为自己人生的最高境界，与学生一起探求未知，一起成长，一起收获。

四、成功，从缩小差距开始

作为教师，要潜心工作，努力提升自身素养，缩小与优秀教师、名师的差距。作为学校，要扎实有效，努力提高管理水平，缩小校内个体的差距，缩小校际差距，最终实现缩小教育的区域差距。学校发展的道路上不要唱高调，要务实，要用心做教育，扎实求发展，一切成功从当下开始。

五、我们缺少的是落实

有时候，我们缺少的不是理念，而是执行力。专家组与我面对面反馈，给予肯定的同时提出了非常好的建议，佩服专家的洞察力和专业素养，句句话语都点到了我校发展的本质，让我心服口服并不断产生共鸣。我校在课程落实尤其是学校课程建设、学校常规管理、学生养成教育、评价机制、家校沟通等方面存在很多问题，尤其突出的就是落实力、执行力远远不够。我想，我会与老师们用激情去矫正，去规范，去提升。

（山东省"1751"工程第二次会议感悟）

走进广文中学

从接到到广文中学挂职培训通知起就一直激动不已，广文中学早就如雷贯耳，尤其是去年8月份在滨州听了赵桂霞校长的精彩报告，更是崇拜万分。昨天下午6点10分，阳信一行十人到了潍坊，直接入住潍坊学林商务宾馆。坐车的疲惫抹不去挂职的兴奋，刚到住处，陈主任就召集我们开了第一次会议，讲明了学习的来之不易，请大家珍惜机会，努力提升自我。

6：00，我们洗漱完毕，大家步行前往广文中学，约10分钟的路程，走到胜利东街看到了广文中学的体育场，体育馆外墙上的字引人注目：用心成就所有广文师生，全力打造初中理想学校。我想这不仅是学校的办学理念，更是对家长、社会的一种承诺。

6：50，到了广文中学大门口，不像想象中的广文那样高大宏伟，但大门左侧校名的题字让我耳目一新：是2006级学生的手笔。进了大门，东侧保卫室的6名保安在尽职工作，西侧的监控室对学校全覆盖，感慨于广文中学的保安工作不是一句空话。

根据预先安排，我们先到餐厅吃饭，餐厅可容纳600名学生，工作人员忙碌而有序，已经在为午饭做准备。这么多人的学校，各项工作有条不紊，佩服！

因是周一，7：30学校举行升旗仪式，我们绝不放过这一机会。整齐的队伍、有序地入场、完整的活动程序足见一所名校的底蕴，讲话、唱国歌、学生宣誓等全部由学生组织完成，足以看出学校的德育水平。活动结束后，负责督查的学生"一岗双责"：对操场的纸屑进行了清理。

接着，我们到了三楼会议室，办公室的李主任已在等候，每人发了一份挂职校长手册、听课记录表及"我的建议"，挂职手册包括：学校介绍、挂职学习课程安排、通讯录、温馨提示等，又是感慨：一所名校，接待事务繁忙，却对每一个来访学校安排得细致周到——朦胧中，找到了其是名校的原因。

赵桂霞校长匆匆赶到，热情地接待了我们。在滨州听过她的报告，当时震撼而敬佩，今天近距离相见，对她的第一感觉是自信和干练。

我们看了学校录制的专题片，又看了赵校长为主人公的中央一台节目《小崔说事》。我对广文中学有了更清晰的认识，对名校之所以是名校有了更深刻的理解，对广文的"离校课程"感慨而感动——教育的真谛就是心灵呼唤心灵，感动引发感动。

我们又参观了学校的集中营、校史馆，不愧是百年老校，有内涵，有传承，有文化，有底蕴。一所学校的文化不仅需要积淀，更需要传承和保护。

中午，我们在学校食堂用餐，一是为节约时间，更是为学习餐厅管理，井然有序的管理让我佩服，孩子们的自觉意识让我感动。

下午2：30，赵校长按时到了会议室，我们与河南的同人们一起听取赵校长的报告。赵校长不愧为山东的名校长，她渊博的专业学识、崭新的办学理念让我们赞叹。赵校长以"适才教育——为每个孩子提供适合的教育"为题做了两个多小时的报告，我对广文中学"厚德、广文、笃志、强身"的办学理念有了清晰的认识，对广文的管理机制有了初步的理解，对他们关注课程、关注课堂、关注教师、关注学生成长的行动实践有了深刻的感知。

学校最后一节课是主题班会课，我们在分管主任的引领下自行选听主题班会，我巡视、聆听了四个班的班会课，让我震撼！没有教师参与，全是学生主持，全部使用课件。浓厚的教育氛围，感人的肺腑语言，学生的心灵世界和感恩情结让我们感动，同时感慨：孩子的能量不可估量！

晚上，广文中学组织了友谊会餐，感动人家的盛情，感慨名校的魅力，赵校长、崔书记亲自到场敬酒——广文的热情好客、谦虚进取在细节上流露得淋漓尽致！

崭新的理念、卓越的行动、凝聚的团队、深厚的底蕴是我走进广文第一天的印象。

我不断地想，我们需要进取，需要提升，需要前行，因为我们肩负责任，肩负使命！

（广文中学挂职学习随笔）

走进广文课堂

　　7：20，赶到广文中学，崔书记、李主任等领导及学校保安已经在大门口执勤。根据安排，上午在文华校区听课，下午在广文中学本部听课。广文中学李主任安排车把我们一起送到文华校区，一到文华，耳目一新：整洁、舒适、人文、袖珍是我的第一感知。

　　一条笔直宽阔的主公路把学校分成两部分，左侧是学校的塑胶运动场，右侧是南北排列的三栋教学（办公）楼，北侧有一面高大的映墙，上面有一行字：适才教育，适合学生成才的教育，展示了广文中学的教育教学理念。

　　学校老师已经开始忙碌，学生不时地到办公室交送作业，一切是那么有序和谐，在早上阳光的映衬下，学校是那样温馨美丽。

　　经分管主任介绍，学校三个年级，1600名学生，近年来学校致力于教学改革与实践，教学质量在全市是一流的。

　　马上上课了，学校领导给我们每人发了一张课程表，学校课堂全面开放，自主选择。

　　上午，我听了三节课，分别是刘湘玉老师的作文批阅指导课、郭中霞老师的语文课《醉翁亭记》、尹来梅老师的生物课《神经元》。下午回到广文中学，我听了两节课，一节是高克林老师的政治课《生活中有是非善恶》，另一节是郭晓燕老师的语文课《夸父逐日》。一天都在听课，虽然累，但是很充实，收获很大。广文中学老师崭新的教学理念和扎实的教学实践让我感触很多，深感生态而清纯。广文的课堂有以下特点：

　　一是预习的课堂。每节课都有学习活动案，学生都已经在课下进行了预习和梳理。二是高效的课堂。课堂上没有作秀，而是扎实、平实、充实。作文批阅指导课上学生的展示足以看出广文学生的人文素养、词汇量是一般学校的学生所不能比拟的，其中一个孩子在作文中这样写道："随着我的成长，我感悟到：棋如人生，人生如棋。"这绝不是一日之功，这和平时的高效课堂是分不开的。三是民主的课堂。整个过程，教师脸上都洋溢微笑，学生更是畅所欲言。四是自由的课堂。学生是自由的、激昂的，参与面、参与度都非常到位。五是合作的课堂。课堂上生生互动、师生互动，扎实有效，教师很重视课堂小组的学习评价，课代表手持一份"小组评价表"，对各小组的学习表现及时进行评价。

　　广文的教研氛围浓厚，下午第三节课，学校的分管领导贾校长组织了评课活动，我们和上课的老师们全部参加。校长们都做了评课，我也把自己的感触、广文课堂的特色进行了整理反馈，同时提出了两点建议：一是语文课应进一步加强人文的教学，要多读，在读的过程中感悟和体验，进而升华情感，培养人文情怀；二是课堂上教师应注重知识的生成，尽量让学生发现问题，提出问题，解决问题，减少教师包办的现象。

　　最后，我们到了笃志楼，参观学校初一的特色课程，各班的内容不一，但都有自己的主题，有教学课件，准备充分，共同点是开阔学生的视野，丰实学生的知识结构。

　　离开广文，已经接近下午6：00，又是一天，累，却很幸福。

（广文中学挂职学习随笔）

走近广文教师

7：20，赶往广文。

今天的任务是走近广文的教师，一睹领导班子和教师的精神及工作风采。上午聆听了学校事务处李主任、组织处宿主任、品牌管理处赵主任、人力资源部郭主任各自部门的工作经验报告，下午学校优秀教师代表官舒娟、赵爱霞、于琳、丁晓琳、石伶俐分别介绍了个人专业成长艰辛而幸福的历程，最后教师发展部李主任做了"为教师发展搭建多元平台"的报告，详细介绍了广文促进教师专业成长的具体做法。

一天中，各层面的工作介绍、成长感悟让我感慨、感动之余，更多的是深刻的反思。

一、智慧的领导班子队伍是学校发展的首要支撑

广文中学管理机构设置合理，部门齐全且职能明确，最为关键的是各中层领导爱岗敬业，精通业务，可谓都能独当一面，对自己分管的工作娓娓道来，对学校发展大局耳熟能详。从他们的报告中可以看出，一名称职的中层领导不但要有很强的执行力，更要有自己的工作思路，能创造性地开展工作，不能"不拨不转"。广文就有着一批优秀的中层以上干部，如李月波主任、赵燕燕主任、李新明主任、宿凤霞主任以及贾校长等，他们的务实态度、敬业精神、专业素养让人敬佩，他们是广文持续发展的强力支撑。

二、科学的管理及监督评价机制是学校发展的根本保障

广文坚持"制度第一，校长第二"，注重工作的落实，强调精细化管理，渗透"100-1=0"的理念。各部门运转协调统一，没有内耗和推诿。各科室淡化

"管理"，强调"服务"。学校重视对工作的过程性评价，实行领导班子值班带班制度。以安全工作为例，学校实行"三全"管理体系，即全员目标、全员责任、全程管理，各项工作未雨绸缪，思路有创意，执行有深度。

三、进取的教师队伍是学校发展的不竭动力

从五位优秀教师的成长经历和教师发展部李主任的报告中深知广文在教师专业成长方面所做的努力。学校注重教师的读书和反思，注重课堂的研讨和提升，注重师德的塑造和养成，为教师发展搭建了多元的发展平台，创造关键事件促进教师成长，创设关键人物帮助教师成长，配备关键书籍陪伴教师成长。学校成立名师工作室，出版《广文记忆》，成立青年教师联合体，映衬出学校人文、尊重、智慧的成长环境。学校一大批青年教师迅速成长，为学校可持续发展注入了强大的生命活力。

感慨广文"发展教师、成就学生、服务社会"朴实而深邃的办学理念，感谢广文带来的启示和思考。我想，学校的一切管理都是人的管理，核心是教师的管理，当学校创造出一个和谐、民主、公平、进取的环境时，教师就没有了消沉和劳累，有的是幸福，有的是成长。

（广文中学挂职学习随笔）

走进广文课程

　　7：30，我们准时到达广文中学，直奔办公楼三楼会议室，今天学习的内容是了解广文的课程建设与特色。

　　8：00开始，负责教师发展和教科研工作的韩文联主任、化学组的孟祥池主任、初二10班的班长分别为我们做了题为"广文中学特色课程解读""让课程适应学生""广文的小日子"的报告。

　　在广文的这几天，通过听课和参观，已经对广文的课程有了初步的了解，经过三人的介绍，我对广文三位一体的课程体系有了更清晰的认识。

　　广文的课程是多元化的，包括生本化的学科课程、个性化的活动课程、特色化的学校课程三大部分。其中，广文把整合教材、引桥课程、梯式练习作为学科课程的重要途径。整合教材包括不同版本教材的内容整合，同一版本教材的结构整合，对现行教材内容的扩充；引桥指的是知识的铺垫、准备与延伸，从学前、难点与发展三个层面进行铺设；梯式练习是根据每个学生的不同情况为每个知识点确立数量、等级不同的练习题。学校课程包括大家系列、文化系列、实践与探究系列，目的是培养"大家风范、人文底蕴、科学精神、国际视野"的广文学子。

　　初二10班的班长介绍了"广文的小日子"，真不敢相信讲话的是一个孩子，大方、自信、得体、可爱，用自己的体验阐释了学校的特色课程。感知广文特色课程深入人心、扎实到位，更感叹广文的孩子是如此幸福！

　　今天，经过师训办陈主任联系，县教研室范主任等带领全县50余名骨干教师来广文听课，来感受广文教育的魅力，看到阳信的亲人倍感亲切，同时深感挂职的责任。

　　下午最后一节是学校的社团课程，在学校分管领导的引领下，我们参观了学校的篮球、模特、舞蹈、书画、钩编、创意、漫画、演讲等社团课程，各社团活动有声有色，羡慕广文的课程文化，为广文的孩子感到幸运。

又是一天，几多感悟：教育其实很简单，用心即可；教育不像你想象得那么简单，它需要付出，需要经营。

（广文中学挂职学习随笔）

走进广文家委会

　　今天上午，首先做报告的是学生发展处的王信宝主任，他因昨天工作冲突没能按时来做报告，今天早早地来到会议室为我们介绍学校的个性化活动课程。广文中学有十大活动课程，与生本化学科课程、特色化学校课程形成了完整的三位一体的课程体系。广文中学活动课程化、活动课程个性化的构建思路，以及取得的斐然成果让人赞叹。广文的课程是智慧的，它关注的是生命的灵动；广文的课程是完整的，它着眼的是灵动的生命。

　　接下来做报告的是广文中学家委会的会长迟主席，迟主席是市工商联的副主席，谦逊、真诚、有素养是给人的第一感觉。迟主席介绍了自己作为会长所做的工作，谈了自己的收获和感想，让人感动。迟主席为畅通渠道，方便联络，创建了家委会QQ群和飞信群，随时与家委会成员及家长联系；组织家长轮值办公，参政议政，定期来学校观摩、巡视，听课交流，体验午餐，并为学校提出合理化建议；定期组织家长沙龙，开展座谈交流活动，共同提高家庭育人的水平；充分利用家长资源，家长助教，拓展课堂，创新形式，邀请成功人士进校园对学生进行励志教育；组织家长义工，参与学校管理，包括护校、监护学生外出等。

　　的确，广文的家委会工作做到了实处，一切是那么自然和实在。在这方面我们不得不惭愧，我们的家委会工作做得远远不够，家委会的作用在我们学校发挥得不大，我们的教育仍然是单式的学校教育。

　　看到迟主席对家委会工作的敬业，以及工作给她带来的幸福，我想有时候并不是家长不支持教育，而是我们与家长沟通不够，交流太少，并不是家长不愿为学校做事，是我们没有给他们搭建平台。

　　社会、家庭、学校三位一体的教育是我们的必经之路。

11：30，本次外出学习的任务全部结束。一周时间在忙碌中匆匆而过，忙碌中，有的是感慨，有的是震撼，有的是反思，同时对学校的追求有了新的诠释。

感谢广文，再见广文！

（广文中学挂职学习随笔）

把学校办成该有的样子

上午一早，我们到教体局集合，准备去乐陵实验小学参观学习。7：00到达，我们观摩了学生的路队、升旗仪式、大课间，到资料室查看学校材料，听一节课，11：00离开。半天时间，感悟深刻。

1. 学校寓意深刻的大门设计、汉字广场，教学楼上醒目的理念与追求——"为学生终身幸福奠基，为教师持续发展服务"，"立己达人，五十年以后见"，彰显了学校一流的文化、一流的教育情怀，身在其中，深感办学的大气与深邃。

2. 学生的路队可谓学校靓丽的风景线，2500名学生，在校园广播进行曲的映衬下，从校门口两侧走来，昂首阔步，双臂力摆，整齐有序，按规定的路线走直角直线，没有交叉斜行，有的是规则遵守，有的是秩序井然，让人感觉到学校养成教育的极致，同时能让孩子们体验到在阔步向前中滋生的做人的尊严。

3. 乐陵实验的课改全国出名，尤其大语文教学的改革。听了一节国学经典诵读展示课，被孩子们丰富的诗词歌赋底蕴所折服，三四年级的孩子竟能熟练背诵中学教材中的经典古文，声情并茂，很难想象这些孩子将来人文素养的造诣会到什么境界，相信这些孩子今后一定会心智健康、情感丰富、博学大气。

4. 每所学校都有不完美的地方，从细节来说，乐陵实验小学升旗仪式上教师的站姿远不如邹平九户中心小学教师的站姿，办公室里有少数教师一直在玩弄手机，教学楼的玻璃需要擦拭，材料室材料的内容质量缺少精致。

（乐陵实验小学参观学习体会）

呼唤教育情怀，呼唤诗意教育

8：30，我与国军校长、建亭主任到达北中报告厅，参加新教育实验专家报告会。对新教育实验的发起人朱永新教授早有了解，他积极倡导过一种幸福完整的教育生活，让我们对学校教育的任务有了新的定位。前期，镇中心校也曾组织广大教师利用节假日学习朱永新教授的教育博客，学习其教育思想，体验其教育智慧。市教育局组织此次活动，组织全市中小学校长参会聆听报告，让大家面对面交流思想，亲身感受朱教授赤诚的教育情怀实属不易和珍贵。

朱永新教授的新教育实验以教师成长为起点，以营造书香校园等十大行为为途径，以过一种幸福完整的教育生活为目标，积极倡导"晨诵、午读、暮省"，提出"一个人的阅读史就是他的精神发育史""没有阅读的学校不可能有真正的教育""人的精神可以因为阅读而蓬勃葱茏、气象万千"等哲学观点，是一种有着炙热教育情怀、关注师生生命幸福、关注民族未来的教育实践与探索。他在报告中诠释：新教育是一种"新"教育，是一种"心"教育，是一种"行"教育，是一种"幸"教育，是一种"星"教育，是一种"信"教育。的确，诗意教育离不开"心""行动""幸福""信念"等关键词。

朱永新教授的新教育已经在全国许多地方生根发芽，他更是摇旗呐喊，呼唤教育的本真。新教育充盈着智慧与大气，流淌着朴实与自然，洋溢着教育人那种特有的人文情怀。思考新教育思想的本质，大家并不陌生，甚至思想体系的很多内容我们已经尝试过、实践过，让阅读成为师生的生活方式也是我们一度的倡导与教育理想，相比之下，一上午的报告我最大的收获是切身体验了教育家那种难得的教育追求、情怀与人文精神。

反思我们，身上缺少的正是这种教育信仰与追求。教育离开了信仰，剩下的往往是功利。反思我们，师生阅读匮乏，灵魂对话缺失，心灵成长贫瘠，我们的目光着眼当下，信念缺少坚守，师生的校园生活缺少了激情与活力、生态与宁静、潜心与呵护。

是的，一个国家、地区或学校，教育的落后往往不是因为技术和能力层面的滞后，而是因为每个成员教育情怀的木然与信仰的缺失。

很喜欢朱永新教授的一句话：一切繁杂，都让它归于平静；一切匆忙，都让它归于安宁。诗意的教育，诗意的情怀！

（新教育实验专家报告会体会）

不让一个孩子掉队

国家教育行政学院组织大家参加滨州市"三名"工程集中培训，上午的活动内容是楷模讲坛，做报告的是上海辛灵中学校长、2013年全国教书育人楷模谢小双，题目是《育人先育心——不让一个孩子掉队》。

与其说是讲坛，不如说是师德报告，谢小双用整整一上午的时间把上海辛灵中学——一所濒临关门的工读学校的奋斗史娓娓道来，没有多少技术层面的管理经验，却句句流露着职业的坚守、事业的追求、梦想的编制，构成了一个吃大苦、献大爱、行大善的美丽形象。作为校长，双休家访来到"问题生"家里，亲自买东西送温暖，来感化、唤醒迷途的灵魂，亲自开车接送学生，一下就是半年……坚守一份事业的痴情，无怨无悔，常年一日，终使坚冰消融。复杂事情简单做、简单事情重复做、重复事情用心做的教育智慧使辛灵中学这所特教学校成为上海市中考升学率的排头兵，实属不易，教师队伍由乱而治，最终成为一个坚强和谐的团队，无不渗透着谢小双的付出与创新。他提出，大发展小困难，小发展大困难，不发展全困难，引领全体教师变教书育人为育人教书，实行柔性准军事化自主管理，用综合素养的提高带动学科成绩提升。学校管理始终坚定一个信念——一个也不放弃，精雕细刻每个生命！

致敬，充满大爱、低头拉车的人！

（滨州市"三名"工程集中培训随笔）

价值引领是校长的使命

下面是我参加全市小学课程教学创新成果展示及研讨会的几点感触：

一、教师团队的成长是学校发展的根基

博兴、滨城几所学校创新教师团队的展示，专业的经验介绍与教育理念、教学思想的交流，让大家看到他们在教师团队打造和教师专业成长方面做出的努力及取得的成绩，让人羡慕和佩服。教师的精神气质、专业素养、知识品味、理想追求，让大家看到了学校的生机和活力。打造专业教师团队是我们学校努力的方向。

二、价值引领是校长的使命

重庆谢家湾小学刘希娅校长在总结该校50余年办学底蕴的基础上大胆创新，提出"六年影响一生"的办学理念，并组织实施了"红梅花儿开朵朵放光彩"的主题型学校文化，使学校在全市乃至全国范围内产生了深远的影响。

她提出校长是价值的引领。的确，在学校，校长就应该是一面旗帜，在思想境界、价值取向、课程建设、课堂改革等方面摇旗呐喊，引领前行。作为校长，要努力把自己的理念变成师生的行动，少些硬性管理，多些引领和唤醒，用人性的关怀和生命潜能的激发来成就师生，成就学校。

三、敬业执着是优秀校长的特质

刘希娅校长也好，滨州的几位名校长也罢，他们的发言中都流露着对事业的不懈追求，那种探索、创新的胆识和激情召唤着我们。他们在课程整合、学校管理、教学创新等方面的实践和取得的成果给我们以启迪。的确，观念是先

导，行动是硬道理。充满激情，执着追求，追求完美与卓越，常年如一日，这是一种境界，更是一名校长成功的必需。

（滨州市小学课程教学创新成果展示及研讨会感悟）

向往关注生命的教育

4月末，作为"三名"工程人选，我有幸参加了教体局组织的青岛集中培训，聆听教育前沿专家、校长的报告，体验名校风采，感受海尔集团文化，体验深刻，对教育内涵有了新的理解和感悟。

一、关注生命，谱写温馨

郭文红老师的"留下一抹温馨的记忆"让我感慨，令我感动。

童年的经历对孩子的一生有深远的影响，童年是快乐的、自由的，他就有无限的张力；童年过于沉重、劳累，他就会厌倦学习，厌倦生活，甚至厌倦人生……

郭文红老师所做的一切都源于她对孩子无私的爱。爱是教育的源泉，没有爱就没有教育，尤其是启蒙教育。郭文红老师用行动再次诠释育人胜于教书，成人比成事重要。

郭文红老师主张给孩子的心灵多种几粒善良的种子，她积极组织学生快乐地去活动，去体验：戴脸谱，辨别真假纸币，考察机场、气象局、发电厂、消防大队，采茶，野炊，体验篝火晚会……这都蕴含着她的精心与智慧，其实这就是真真切切的学校课程。

我突然开始反思教育的内涵，什么是教育？教育就是像郭文红老师这样，用整个心思陪伴诸多生命快乐成长的过程……

都说小学教师会被孩子遗忘，但郭老师用自己的爱心把自己铸成了孩子永恒的温馨记忆；同时，孩子的感恩点滴成了郭老师一生弥足珍贵的一抹抹温馨记忆！

是的，让我们与郭文红老师一道为孩子的童年涂抹上温馨的底色。

感慨教育的魅力，感动温馨的情怀！

二、空教误国，实学兴邦

陈康金校长"空教误国，实学兴邦"的观点，我反思良久，感触很大深。

"空教误国，实学兴邦"阐释了扎扎实实落实教与学的重要性，也就是说没有真正的教与学，没有师生生命成长的参与，学校教育只是一句空话，更不能实现为国育才、为国担当。

"教"指的是教师各个教育教学环节，也包括学校的教学管理。教育教学的环节如果出了"空"的问题，如备课不充分、课堂教学随意、作业批阅不及时、辅导跟不上、考试及分析不及时、学校教学监控不到位、学风浮躁、教风懈怠，那么何谈学校管理与教师教学的创新？提高教育质量更是一句空话。

陈康金是一位求真务实的业务型校长，他的报告有的是操作可行的教的办法，有的是苦苦求索积淀的教的理论。他以校为家，凤夜在公，经过多年的不懈探索，依托备课改革——"讲学稿"的探索实践，在教上大做文章，坚信没有教学各个环节的扎实就没有教育质量，没有质量就不是素质教育，规范、创新教学常规环节管理，实现了实效备课、高效课堂，最终实现教学质量的遥遥

领先。

"学"指的是学生的学习。新课程改革提倡"自主、合作、探究"的核心理念，主张让孩子自主、自发地去学习，充满热爱与兴趣地去探索，因为孩子是学习的主体，教师的教最终都要落脚于孩子自身的知识构建、技能提升、方法领悟、情感体验与价值观的确立，这些是教师永远都不能代替的。

如果学生的学习成了教师的灌输，被动去接受，那课堂将失去魅力，"40分钟生命的成长历程"会变成思维的遏制、生命的践踏、个性的磨灭。

陈校长的"讲学稿"改革"讲"，立足"学"，使学生在课堂上真正学习，真实思考，为课堂注入了生命的活力。

扎实教学，真正学习，让课堂成为师生生命成长的历程，这是很朴实的道理，但陈校长把普通的事演绎成了精彩。

我们该受到什么启示？空教误国，实学兴邦！

三、文化引领，人性关怀

青岛二中是全国名校，以高考与自主创新闻名遐迩。学校依山傍水，绿树成荫，空气清爽，环境优美怡人，校舍就势而建，高低起伏，整个校园流露着大气，渗透着从容。

听了学校项俊校长的教学工作介绍，我感慨，感叹。

其一，项校长是一名业务出色的校长，谈话举止从容淡定，娓娓道来，如数家珍，思路清晰，表达准确，言谈机敏幽默。我想，没有文化、思想积淀的校长很难达此水准境界，没有关于学校发展的思考与实践的校长很难把握全局，前瞻愿景；我想，做校长就应该这样，做有思想、有内涵的业务型校长，而不是上传下达、左右逢源的组织者。

其二，青岛二中的管理不是靠制度，而是靠文化。"山海精神、仁智品格"是学校的追求，学校没有军事化的统一和封闭，而是努力打造学生成长的平台，让学生自主驰骋其上，张扬个性，发展特长，着眼于师生的生命成长、可持续成长，最终实现了高考质量与高校自主招生人才输送的连年辉煌。我想，青岛二中的文化积淀与自主创新绝非朝夕之功，他们用智慧与勇气踏出了一条自己的科学之路，一路文化，一路风景；我想，办学校就应该这样，文化引领，人性关怀，因为人是教育的全部，生命成长是教育的内涵。

（阳信县"三名"人选青岛集中培训感悟）

感受临朐教育

我有幸参加了在潍坊临朐举办的全省乡镇教育管理经验交流研讨会。

一天半的学习，分别聆听了临朐部分优秀乡镇、学校的典型经验介绍，参观了三所乡镇中小学，聆听了各市县的经验交流，我感受深刻。

临朐的教育实现了"人民教育政府办"，大格局，大手笔。我们参观的临朐辛寨镇初中刚刚建成，投资1.6亿；东城街道七贤学校投资1.5亿，两所学校建设分别是由北京、济南规划部门设计，功能科室、餐厅、体育场一应俱全。的确，就像教育局王学鹏局长说的，这里有一位"教育"书记，在临朐最美的建筑是学校。

学校的硬件建设不排除受财政收入的限制，临朐是潍坊经济最欠发达的县，他们的大手笔让我们汗颜！

聆听临朐教办主任、校长的发言，让人感慨和冲动，他们身上那种积极进取的品质，那些智慧的思想、理念与脚踏实地的实践让人找到了潍坊教育领先的原因。韩相福校长的报告让人感觉是一种享受，他通过流畅的语言、逻辑的思维、哲学的思考，将自己对课程的理解、本校"6+N"课程的实践娓娓道来，如数家珍，让人佩服他的才识，同时能感觉到他在学校建设过程中不断学习、思考、积累的艰辛。

学校建设落后不是校长的错，但学校内涵不发展，除了校长，找不到第二个人的责任。

（山东省乡镇教育管理经验交流研讨会感悟）

完美成就卓越

　　我很荣幸参加了青岛经济技术开发区实验初中挂职培训，一周的时间，参观升旗仪式，随堂听课，听校长工作介绍，参加研讨会议活动，巡视学校文化，与学生、教师交流，一直在体验着学校追求卓越的教育情怀，享受着学校责任立校、培育阳光生命的教育气息。高点定位、理念先进、高效运转、成绩显著是大家对该校共同的评价。

　　开放的办学实践。学校高点定位，开放办学，国际视野，致力于创办全国名校。课堂、新华书店、实验室等全天开放，每间教室任由听课。学校注重借力，引请全国多位著名教育专家来校指导、诊断，前沿的理念在学校落地生根，前沿的改革创新在学校实践探索。

　　人文的环境熏陶。一进学校大门，孔子塑像映入眼帘，孔孟之乡的礼仪素养在学生身上展现，一个鞠躬、一句问好让人感受到学校润德教育的成功。楼道走廊墙壁上全是本校师生的精神风采，团体的、个人的，教师的、学生的，琳琅满目，张张笑脸，以人为本、激励唤醒为基调的文化成为底色。"让责任成为习惯""让读书成为习惯""让诚实成为习惯"……处处都有提醒。珍惜时间、刻苦读书成了学生的习惯，学生常常手拿一本书，空余就读，学校是读书的地方，学生为读书而来，当这一举动从形式升华为习惯，学生的学习品质、生命追求将随之提升改变。有心的营造，用心的教育。

　　专业的研讨交流。班主任例会没有做作空洞，三个级部班主任代表分享经验，现身说法，有感而言，扎实有效，交流氛围浓厚。班主任的用心、博爱和责任情怀在经验交流中表现得淋漓尽致。

　　极致的教学常规。学校给人的感觉是井然有序，1900名学生，备课、上课、作业督查、质量检测、成绩分析……管理机制健全，活动扎实有效，信息化成了课堂的常规手段。学校分工具体，高效运转，全员参与管理，检查、评比结果及时公布。

扎实的课堂教学。上课时，整个学校都在读书，在上课，在思考，时而沉寂，时而书声琅琅，走在其间，有的是享受，有的是教育的回味。从初一到初三，各级部上课共同的特点就是教师在真教，学生在真学，课堂上全是小组教学，自主、合作、探究理念充分流露，学生真正地学习，积极地思考，没有浮躁和游离，只有专心和参与。难能可贵的是，看不到一位教师接打手机、训斥学生，看不到一位教师不用多媒体手段、"放羊"教学，看不到学生心神游离、无所事事，看不到学生打闹嬉戏、起哄嘈杂。什么叫好课？学生真正地学、真正地思考、真正地合作探究、学有所获的课才是好课。尤其是常态课，如果每节课都这样扎实、充实、真实，教学质量的高端必是水到渠成。其中听了学生发展服务中心主任张莉老师的英语课，她的管理水平、素质非常高，听她的课，更让人佩服。学校学生管理服务工作繁忙，但她绝对是精心地备课，课堂上游刃有余，重点明确，教学扎实，效果很好。

浓厚的质量意识。从年级组班主任例会到学生单元检测总计会，实验初中永不淡化的就是质量，隋校长的介绍就提到学校的办学思路是"教育即服务，质量即生命，特色即品牌"。的确，质量是学校的生命线，离开质量谈教育、谈办学都违背教育规律，缺少底气，缺失社会满意度。

扁平化的管理体系。学校从一草一木到一楼一厅，从课堂到课下，从周一到周末，处处体现着"事事有人管，人人在管事"，"一主两翼九中心"的管理体系落实到位，其中"一主"是校长负责制为主体，"九中心"分别指行政后勤、教务及课程管理、学生发展、教师发展、信息化、初一师生、初二师生、初三师生、学生社团发展九个服务中心，各司其职，分工具体明确，执行扎实到位。每周有值周校长全面负责学校工作，统筹各服务中心的工作。学校环境、教学秩序、学生礼仪、教师状态都生态和谐，让人感觉到了极致和完美。

一周的学习主要有以下几点思考：

开放办学，借力社会。作为校长，要有开放的视野和思想，要跳出学校看学校，放开思路办教育。图书室、微机室、实验室要面向师生开放，从氛围上开放；课堂要向家长、社会开放，提高常态课的效率，从根本上开放；借力家委会，借力思想前沿专家，家校合作办学，专家引领矫正，从思想、思路上开放。

同伴互助，及时经验分享。学校在教师专业成长上要用心渗透、引领，没有教师的成长就没有办学的成功。经验交流、读书会、培训会等都有利于正能量氛围的打造，有利于价值取向的共同确立。

健全机制，重视过程管理。责任分工和管理机制能反映校长的思想和水平，要重视过程，有布置、有检查、有评估、有奖惩才会运转科学，责任到人、分工明确、强化监督才会运转高效。

真正学习，聚焦课堂教学。常规课堂也好，小组教学也罢，一切都要落脚于学生的学与思，没有学生思维的参与、知识的内化、情感的升华，就没有教学效果。而学生的学习离不开教师的点播和引领，教师的高效点播与引领又离不开课前的精心备课、辅助手段设计、教材处理整合。翻转课堂的理念值得借鉴，微课程的高效值得去实践和应用。

聚焦质量，树立教育品牌。质量是生命线，教学的各个环节（包括备课、上课、作业布置、课下辅导、质量检测与分析等）都要做实做细，向管理要质量，向课堂要质量，向细节要质量，向坚守要质量。要尊重教育规律，减少教育功利，对孩子一生负责，让每个学生学有所获，成为最好的自己。

追求完美，做卓越校长。李素香校长每天第一个到校，最后一个离校，凭着对工作、事业的一腔热忱，夙夜在公，风雨兼程，认真做事，追求完美，全身心投入学校的发展，致力于师生的成长；积极学习借鉴高端理念，邀请全国前沿专家学者来校指导，率先践行新理念，落实新举措，敢于创新，大胆开拓，造就了实验初中的辉煌。

敬佩、仰望之余，留给我更多的是启示：把校长的理念落实于师生的行动需要智慧，把常规做到极致需要付出和坚守，追求卓越、成就师生应该是校长的责任和使命。

（青岛经济技术开发区实验初中挂职培训体会）

敬佩 惭愧 反思 感慨

　　能够到莱州参加省"1751"工程总结会议，聆听中学校长南林代表全省中学学段发言，我很是欣慰与自豪。

　　张志勇厅长在会上继续呼吁推行规范办学，关注生命成长，其教育情怀与教育信仰令人佩服。规范办学、尊重规律、依靠科学、改革创新、自主发展的"1751"方针与理念是很好的导向和要求，需要在办学实践中践行和落实。真正落实好20字方针，高质量教育应该是水到渠成。在规范办学、尊重规律的前提下，我们要用科学的教育教学方法，通过大胆改革、自主开拓，来实现提高教育质量的目的。好的理念与学校教育现状、当地文化背景可能存在不同程度的分歧，这需要学校做好整合。

　　金城镇中心小学、莱州双语学校都实现了硬件与软件的双到位，令人震撼并由衷佩服。

　　金城镇中心小学的书法课做到了极致。孩子现场写硬笔书法，一个个小学生写出的作品令人不可思议，很难想象我们有几位教师能写出这样清秀、刚劲的钢笔字！作品背后看实质，这绝非一朝一夕之功，说明该学校的课程执行力到位，没有花拳绣腿之做作，而是扎扎实实之落实。再看他们的寒假全科常态规范书写检测题，用心良苦，思路新颖，不仅是检测知识掌握情况，更是规范语文、数学、英语等学科的字符之书写。有想法，有新意，有落实，有坚持，才会有孩子的书写超能力。敬佩！

　　金城中心张晓琳校长的听课记录密密麻麻，一学期两本，听了104节课。这所省教学示范学校、省艺术教育示范校校长的事务不比我们少，但至少每天听一节课的做法让人汗颜。惭愧！

　　莱州双语学校的课程开设、体育大课间、课堂教学会让你不解，8000余名学生的学校是靠什么管理得井井有条、扎实有序？校长的领导力、团队的执行力为何彰显得这样淋漓尽致？篮球队的比赛、学生的腿功训练等让人感到只有扎扎实实落实的东西才是最美丽的。反思！

听了一节数学课《菱形的复习》，集体备课形成的导学案做辅助，小组评价机制做激励，学生在思考，学生在探究，学生在合作，学生在表达。真正的学习，真正的思维碰撞课。感慨！

（山东省"1751"教育改革与创新工程总结会议感悟）

做有领导力的校长

4月16日至19日，我参加了县教体局组织的"校长领导力内涵建设"研修班，活动的团队式研修模式、体验式学习交流、独特的管理思维给我留下全新的印象、深刻的触动，让我对校长领导力有了新的思考。

一、校长领导力需要自身的高度修炼

校长是学校的灵魂，校长的高度决定团队及办学的高度，这要求校长时刻进行高度修炼。一是加强阅读与写作。一个人的高度是其读过的书垫在脚下的高度，通过阅读，与大师对话，与智者沟通，启迪思维，涤荡心灵，做一名书生校长；多动笔，写教学日志，写教育感悟，写的过程是思维的过程，是总结提升的过程，是唤醒灵感的过程。二是让爱成为一种能力。校长心中要有大爱，爱学校，爱岗位，爱每一位师生，努力做师生生命中的贵人。教育本身就是爱的艺术，需要"肯定的言辞、精心的时刻"，需要信任、支持与鼓励，需要呵护与坚守。校长要用心设计爱的方法、爱的途径，让师生感受到校长的爱与尊重。三是激情的感召与垂范。行动最有说服力，"改变里最缺的是行动"。

二、校长的领导力需要哲学的思想

朱胜文老师讲课时时刻渗透着哲学的思维，分析准确，充满哲理，回味无穷。作为校长，要修炼自己的哲学思维能力，学校事务繁杂，但最终会归结于做人、做事与沟通的哲学。校长要学会哲学思维，学会多角度分析问题，换位思考，发现问题并发现问题背后的问题，这样才会厘清现象，看透本质，从而把握方向。哲学，对我来讲是一个既不陌生又不甚了解的感念范畴，它对我们的教育及思想、道德和实践、心理和人格都大有意义，我们需要哲学的思想和理念，通过哲学的学习和思考，努力培养生活的方向感和高瞻远瞩的能力，拥有普遍而灵活的技能。作为校长，要多学习，多用哲学语言，多使用哲学思维，多思考教育的本质和规律。当今世界，日新月异，时代的车轮不断前行，我们的教育需要反思，需要理性，需要哲学的思考。

三、校长领导力需要高瞻的战略规划

作为校长，领导比管理的角色更重要，校长要高举旗帜，跑在前面，带领教师走正确的路，并把事做对。校长要从琐碎的事务中解放出来，统揽全局，正确定位，加强学习，增强理论修养和策略意识，做到权力下放，起用和培养骨干，做事有时间意识，能抓住关键因素。校长要增强创新意识、自主办学意识、前瞻全局意识，做到系统思考与做实节点相结合，对学校的发展进行战略规划，对学校长远发展目标及其实现的途径做出综合性的、有预见构想的、持续的指导与监督。当然，战略规划不是拉长的常规计划，不是纯粹的观念思考，而是以思想为指导的行动。

四、校长的领导力需要浓郁的学校文化

联想集团在发展过程中一直致力于企业文化为核心的人才培养与管理，走的是文化管理之路。去年参观海尔集团时，他们的企业文化给人以震撼，他们同样重视文化管理策略。好的团队文化是每个成员身上流露出来的优质信仰、价值观、志向和抱负。好的团队文化一旦形成，就会和空气一样弥漫于整个学校，在每个成员身上看到的是仁爱、自信、幸福与追求。

关于学校文化，李希贵曾说过，就是把全体师生统一到学校的发展目标、发展愿景上来，让每个成员看到美好的未来，并在一起自发追求的过程中形成大家信奉并在日常学校生活中真正实行的价值理念和做事方式。

五、校长领导力需要强化团队建设

这次研修培训的形式让我对学校团队建设有了新的思考。这种活动方式的

背后正是在强化每个成员的团队意识、沟通意识，正是在积极培养团队精神，正是在打造团队文化，正是在实现传授知识与构建团队的双重目的。的确，管理就是发挥人的长处，就是带队伍的过程。

反思自己的团队建设，往往依靠行政、强调和倡导，每天组织教师忙于日常教育教学琐事，学校文化没有形成，管理评价机制陈旧呆板，教师缺少成长的动力和热情。缺乏沟通互动、生态体验，学校成员便缺乏团队意识，缺乏团队荣誉感，目标不统一，价值取向有差异，很难形成团队合力。

总之，几天的培训，感受深刻，深受启发，让我对自身的使命有了新的审视，对团队建设、文化建设及教育本质有了进一步的思考。感谢教体局领导们精心组织的这次培训，我会学以致用，且行且思。

（联想集团"校长领导力内涵建设"研修班体会）

办诗意的教育，做最好的校长

12月15日至20日，我参加了市教育局组织的"三名"工程第二次培训班，聆听专家、名校长报告，与同伴交流研讨。五天的学习，被专家崭新的理念所吸引，被名师爱的情怀、教育的执着所感动，被名校长的教育智慧所折服，同时唤醒了我办好学校、追求卓越的无限激情和办诗意教育、做最好校长的坚定信念。当校长，是一种神圣的使命，更是一份担当。

一、做确保平安和谐的校长

张文司长的报告《学生伤害事故的预防与处理》，通过案例，从事故的预防到及时处理进行了全方位的阐述，系统地把学校安全工作的必要性和重要性以及各方面的注意事项进行了强调。

我深受启发，的确，安全工作是重中之重，安全不保，何谈教育？学校办学要强化教师专业成长，要培养学生良好习惯，最终要提高教育教学质量，但这一切必须以安全平安为底线。

我镇中小学校舍经过校安工程改造，可谓焕然一新，但也不可掉以轻心，危房不一定陈旧，加强安全教育，强化安全防范，防患于未然才为上策。有时一句提醒、一个主题教育便能避免一次事故。作为学校，安全工作应以师生为本，着眼于孩子的生命，而不是为了学校管理的方便。

安全无小事，安全是天，安全需要用心，需要未雨绸缪，警钟长鸣！

二、做有灵魂学校的校长

很是遗憾，因时间关系，于维涛教授只做了简短的报告，但准备充分、内涵深刻，我很赞同、享受他的教育办学理念。"办一所有灵魂的学校"，首先校长要有理念，教师团队要有思想，学生要有主见。这一观点的核心是关注生命，关注人的成长，同时强调了文化办学的思路。文化引领学校，要用人性的文化唤醒生命的激情。学校管理的核心是关心，学校应多一些呵护与尊重，多一些关怀和理解，让教师得以心灵的安宁、理想的放松和个性的张扬。

办人文学校，让生命超越平凡！

三、做为班主任搭建幸福平台的校长

感动于丁蓉老师的爱的情怀，50多年的班主任生涯，丁老师用爱撑起孩子成长的天空，用爱书写了班主任的幸福人生。一个个教育案例，一段段教育历程，有的是艰辛和琐碎，有的是无奈和痛苦，但丁老师凭一腔爱的虔诚挽救了一个个迷失的灵魂。她用行动诠释了教育的艺术，不在于传播，而在于鼓励、唤醒和鼓舞。她把50多年学生的原始资料完整保存，用心做教育，用心去爱学生，把整个的心思注入了班主任事业。

感动于丁蓉老师的生命状态，70余岁的老人，一下午一直站着讲课，面带微笑与慈爱，思维清晰、流畅，让人感受到生命的力量、精神的力量、幸福的力量！

讲教育故事，忆幸福人生！感动！

感动之余反思自己的学校，我们的班主任队伍可能正是缺少丁蓉老师这种幸福状态、生命状态。作为校长，一定要关注班主任队伍建设，用爱的文化为他们搭建成长的平台，成就班主任，成就孩子们，成就学校。

四、做心中有故事的校长

蓝继红校长的报告是《教师职业倦怠的应对和思考》，一段纪录片让我对草堂小学的文化和校长制度的执行有了初步了解。蓝校长主张办一所有文化的学校，让教育弥漫中国文化的气息，浸润民主自由的人文精神。学校校训"诗意的方向，最好的自己"启迪灵魂，朴素、温暖、润泽、诗意是学校的颜色。是的，校长要有诗意，要有理念。

蓝校长善于反思，对教师工作的主动性、主人翁姿态的提升进行了理性思考与实践，努力创办没有"围墙"的学校，形成教师团队共同体，帮助教师树立教育信念和情怀。是的，校长不是制度的捍卫者，而应该是激情、信念、梦想的唤醒、点燃者。

角色转变带来的是责任和担当，蓝校长用宽容和担当在改变着教师的心态、思维和行动，由被动者成为学校的主人，这正是他感悟、探索的艰辛而又幸福的历程。

草堂小学实施三级校长机制，人事权、财务权的下放让学校形成蜘蛛网式科学管理体系，牵一点而动全身，管理无盲区且效益提升。的确，制度文化凝聚着校长的智慧，让学校运行科学、管理高效，激励人的参与，释放人的能量，促进教师成为最好的自己。

蓝校长的报告娓娓道来，声情并茂，一大特点就是讲故事：一个个教育故事，自身成长历程中难忘的故事。是的，做校长就应该做一位会讲故事的校长，心中有故事，心中有爱的情怀，心中有教育情节，心中有幸福、醇厚的回忆。

人文的情怀、激情的状态、科学的机制、智慧的经营、幸福的历程，让人感动，让人向往，向蓝校长学习！

五、做敢于变革的校长

北京外国语大学附属学校林卫民校长的报告《变革的力量》声情并茂、内涵丰富，令人震撼。

1. 学校变革的目标是让教育回归对生命的关怀，追求生命的真实成长，让教师、孩子实现自主、能动的发展。

2. 学校的变革离不开教师团队的打造，让教师拥有道德目标，有激情与情怀，有爱心与信仰，并善于学习，形成学习型组织。

3. 学校的变革，首先是课堂的变革，因为课堂教学中的问题是学校最大的问题，大多会在学科教学中呈现，我们需要聚焦课堂，变革课堂，改善学习状态，打造美丽课堂。

4. 学校变革从提升校长领导力开始。首先明确强制不是最好的管理手段，教师需要引领、唤醒和点燃，校长是设计者而不是战斗者，努力做教师的教师，用文化治校，用思想统领学校，实现不用控制达到控制的目的。

感慨用心的教育，感慨变革的勇气和力量！

六、做有哲学思想的校长

刘杰教授的报告《哲学的价值与当今世界》言谈幽默，娓娓道来，让人对哲学有了全新的认知。他从哲学的定义谈起，用形象、有趣的比喻诠释哲学的概念，介绍了哲学审查生活、追求智慧的特点。

我们要有哲学的思维品质，尊重教育规律，点燃教育激情和智慧。

五天的学习转眼结束，我学到很多，收获很多，同时对自己的使命有了深深的思考。校长，光环的背后是责任和使命。在新的教育形势下，校长要与时俱进，更新理念，着眼于生命的成长，感召正能量，凝心聚力，引领学校卓越前行，办诗意教育，做最好的校长！

（滨州市"三名"工程第二次培训心得）

最美的风景在路上

　　"只要行动就有收获，只有坚持才有奇迹。"这是新教育实验的倡导理念，更是今天参观海门市三厂小学、国强小学的深刻感受。

　　昨天聆听了海门市校长们研发卓越课程的精彩报告，今天深入学校学习、体验课程的落实和师生们生命的姿态。

　　走进两所小学，楼房建筑没有高大上的气派，甚至显得那么不起眼，但简单的学校大门、简朴紧凑的教师办公室、有些陈旧的学生课桌椅都掩饰不住学校内涵的深刻、管理的精致和生命姿态的美丽。

　　办公桌上一摞摞精心批改的课练，让人感觉到学校常规管理的扎实；老师们的办公状态，让人感受到学校风气的上进与醇正。

　　聆听、观看两所学校新生命卓越课程的介绍与展示，教师们的付出与执着让人感动，孩子们的生命姿态让人震撼！在这里，没有作秀和弄名堂，而是实实在在的行动和坚守，淋漓尽致的成长和蜕变，一切自然而扎实。

　　三厂小学的沙地文化课程、口琴课程、汽车课程、强身健体课程，国强小学的书法课程、篮球课程，教师的介绍深情、诗意、深刻，孩子们的展示娴熟而精彩，自信而从容。每一个孩子都会吹奏口琴，班班能齐奏，小口琴展现大魅力；孩子们花样跳绳精彩绝伦，舞动童年……用智慧打造的每一个课程都是那样平凡而普通，精致而卓越。

　　着眼生命、涵养生命是教育的天职。海门市教育人依托新生命教育，有梦想，有行动，有智慧，有坚守，奏响了生命教育的乐章。每一个细节都做得那样完美，每一个课程都做得那样卓越，每一项行动都做得那样扎实，由此带来的每一个生命都绽放得那样美丽而灵动，让人感叹，让人深思。

　　我想，新教育也好，素质教育也罢，称谓不同而已，教育的核心追求永远不会改变——关注生命，成就生命，让生命怒放。

我想，海门教育没有标新立异，他们做的我们都做过或做着，我们之所以成不了海门，是因为我们不扎实，不坚守，我们的教育情怀需要涵养，我们的教育行动需要扎根。

摒弃功利，潜心耕耘，默默坚守，静等花开，也许这是最简单的教育之路。

欣赏三厂小学老师们的精彩朗诵——最美的风景在路上，也将此作为自己的教育座右铭，一路行走，一路坚守。

（新教育实验现场会感悟）

校长，是使命，更是担当

12月6日至11日，我有幸参加了市"三名"工程实地培训，挂职于上海市进才实验小学。一周的时间，听课，评课，听取经验介绍，参观学校文化，观摩课程开设，参加班子例会，充实而有序，收获满满，感悟深刻。学校需要精致，教师需要坚守，真正的教育是让每个生命竞相怒放。校长是使命，更是担当。

一、校长要加强自身修炼

赵国弟校长是上海市一级一类校长，来进才工作五年，他用高尚的人格、浓郁的情怀、执着的勇气把进才实小打造成上海市闻名遐迩的学校。他努力践行做教育思想的引领者、团队建设的缔造者、教学改革的策划者、教师利益的维护者，不断加强自身修炼，努力做理念的新者、管理的强者、教学的能者、师生的友者。

让人敬佩的是他的人品。我们一行10人在学校挂职一周，赵校长基本是全程陪同，态度虔诚，和蔼可亲，没有架子和不屑；班子例会上与中层更是谈笑风生，关系融洽；对待教师，尤其是教师家庭遇到困难，他定全力以赴，亲自前行。赵校长认为人品是真正的最高学历，与人为善、真诚待人是他的为人理念。高尚的人品为赵校长赢得了全校的爱戴和尊敬。

让人感动的是他的敬业。语文观摩课结束后是评课交流活动，赵校长亲自主持，亲自评课，有理念引领，有行为矫正，娓娓道来，鼓励中包含期待，业务型、专家型校长形象展现得淋漓尽致。

二、管理科室要各自独当一面

进才实验小学设有教导处、学生处、教科研处、校务办、后勤处等管理科室，各科室精诚合作，分工精密，并各自独当一面。校务办崔萍主任、教导处陆瑛主任等中层领导的介绍与现场答疑让人折服，大到学校规划、办学理念，具体到科室业务，延伸到其他部门工作，都耳熟能详。他们有着强烈的主人翁意识、担当意识、合作意识，以及扎实的执行力、落实力。

三、教师团队要敬畏工作

我们还参加了学校的升旗仪式、阳光体育活动。升旗仪式上，全体教师标准的立正姿势，有的是对学生的潜移默化，有的是对工作的敬畏，看起来很小的一个镜头，但我们有多少学校的老师们根本做不到；有限且拥挤的活动场地上，教师融入学生的活动，自然而流畅；精心准备的常态课上，教师用教育智慧引领学生实现三维目标；午饭后，学生在校内活动或在教室学习，整个过程一个多小时，班主任是全程陪同，细心地呵护和指导。有时我们会抱怨缺少大城市优越的办学条件，其实我们真正应该反思的是自己缺失对工作的敬畏。

四、学生管理要关注习惯养成

教育是唤醒和点燃，是影响和感召，教育的价值远远不是知识本身，而是生活态度和习惯的养成。进才实验小学的学生在课堂、在操场、在课间表现出的是文明与儒雅、活泼与向上。快乐是童年最需要的生活体验，是学习最大的动力，是未来发展的基础，学校坚持言传身教，坚持环境育人、活动育人。每天下午上课前5分钟，全校行为习惯反思广播对学生进行耳濡目染和心灵渗透。课堂上，学生的坐姿、执笔姿势、读书与表达、作业书写，都是那样精致而真实。我们应该承认，一所学校办学水平的高下要先看其学生的生命状态和习惯的达成情况。

五、课程开设要扎实有效

进才实验小学坚持全面落实国家课程、积极开设学校课程的思路，主张学校的一切教育教学活动即课程。所有课程都着眼于教育教学活动的主体——学生生命的成长。一年级入学课程、阳光体育活动、茶艺课程、各类社团活动等，可谓五彩纷呈，但所有课程表现出来的突出特点都是扎实地落实，有效地执行。我想，把一切教育教学活动课程化、系统化，并强化落实，默默坚守，比花样翻新、弄名堂更重要。教育与课程需要扎实，需要坚守，不需要折腾。

六、课堂教学要真实灵动

在进才实验小学听了两节语文课、一节体育课、一节数学课，其共同特点是扎实、真实、丰实、朴实而不乏灵动，没有统一的模式构建，有的是自主、合作、探究理念的践行，有的是学习方法的引导，有的是过程的探索，有的是思维方式的训练，有的是个体思维的表达，有的是情感态度的体验，每节课都是学生生命成长的难忘历程。

课堂真实而灵动的背后是教师艰辛的付出和专业的成长。进才实验小学从校长到任课教师，坚持以教学为中心，聚焦课堂，致力于课堂改革，形成了浓郁的课改氛围。

一周的挂职短暂而充实，进才实验小学让我对学校办学有了深刻的思考，学校办学离不开校长的精神引领，离不开教师的忠诚坚守，离不开把一切教育教学活动做到极致；教育应该远离世俗功利，回归本真，关注生命的成长，让每个人——学生、教师的生命竞相怒放。

我将时刻牢记专程赶到上海看望我们的杨光军局长的句句叮咛：强化使命意识，做敢于担当的表率；强化质量意识，做立德树人的表率；强化创新意识，做改革探索的表率；强化特色意识，做品牌建设的表率；强化安全意识，做安全廉政的表率。

校长，是使命，更是担当。

（滨州市名校长上海挂职培训体会）

向往更加美好的教育

7月14日至20日，我有幸参加了县名校长及教育干部浙江培训。五天的学习，聆听了八位专家精彩的报告，从学校文化建设到课程评价，从教师专业成长到生命教育，从依法治校到提升领导力，他们崭新的理念、爱的情怀、教育的执着与智慧让我对校长办学和领导学校有了新的思考。

一、专业自觉，团队成长的更佳状态

学校工作千头万绪，但最主要的核心是人的问题，事在人为，在学校，事在教师为，教学的一切工作、校长的办学理念最终要靠教师来实践和落实，教师团队素养决定办学的品质，教师专业成长是学校发展的不竭动力。

但现实中，我们有一些教师忙碌于日常工作，辛苦而无悔，却很少学习和研究、反思和总结，造成个人教学理念、教学方式的滞后，专业成长成为空话。

反思我们自己，学校教师发展规划不健全，科学机制引领不完善，导致专业成长的氛围没有形成，教师专业成长甚至为的是证书、职称，自觉意识淡薄缥缈。

呼唤每位教师的专业自觉是一所学校发展的理性智慧。校长要引领教师自觉地走专业成长之路，让其享受成长，感受成长的幸福，提升专业技能，如此不但能提升教师的思想境界，充实其人生价值，更能为学校发展注入不竭的动力。

呼唤专业自觉是对职业幸福的唤醒，是对教师使命的渴盼，需要用积极的文化去点燃，需要校长的智慧、激情和科学的机制。

呼唤教师的专业自觉，校长要以身作则，率先垂范，高举旗帜，走在前面，要深刻思考校长的使命和担当，工作的方式和方法，这就要求我们积极地学习，哲学地思考，提升专业素养，涵养教育情怀，耐得住寂寞，着眼于师生生命的成长，做校长该做的事，自觉做一名专业校长。

陈主任组织设计的这次培训，从开班式到结业式，从专家报告到现场教学，从学习手册到结业专题片，处处流露着精致的文化，处处洋溢着专业的自觉。

二、生命课程，学校育人的更高载体

周仁娣教授的生命哲学与生命教育、王莺局长的适性教育都是关注生命的成长，把每个孩子培养成幸福的人。

要构建生命化课程。课程是学校教育的载体，反映的是校长的办学理念，决定的是学校的办学品位。校长要提升课程规划力和课程领导力，做好课程的开发与整合，借助课程的特色、妙处，使学生得到学科素养和跨学科素养的提高。课程构建要心中有人，心中有爱，心中有差异，要尊重学生的个性与选择，让学生从小选课程，长大选人生。校长要提高课程意识，从教学意识向课程意识扩展，关注人的成长，丰富人的精神世界，通过课程实施丰富人性。学校要创造性开设好入校课程、离校课程、升旗仪式课程、大课间课程、班会课程、节日课程、班级文化课程等，把碎片化教育整合为关注生命成长的课程。要切实开展好阅读课程，通过阅读，让孩子与文本对话，与灵魂对话，在阅读中感悟，在阅读中提升人文素养，在阅读中自我教育。

三、依法治校，校长办学的更高层次

陈麟教授的报告令人耳目一新，让我感受到在复杂的社会环境中学校办学走依法治校道路的重要性。加强学校制度建设、提高法律风险防范能力是校长的必修课，这就要求校长多学习、研究有关教育的法律法规，提升法治思维，运用法治方式。

陈教授讲到，法治思维指国家机关及其工作人员依据法治理念，运用法律规范、法律原则、法律精神和法律逻辑对所遇到和所要处理的问题进行分析、综合、判断、推理和形成结论、决定的思想认识活动与过程。法治方式是运用法治思维来处理、分析和解决问题的行为方式。作为校长，应当具备法律规则意识、底线思维，服从法律权威，自觉将法治精神、理念、规则运用于认识、分析、处理问题的过程中，实现权力的规范化运行，从而推动发展，化解家校矛盾，办人民满意的教育。

　　五天的学习转眼结束，感受很多，学到很多，感谢局领导提供这么高端的学习机会，感谢秘主任、陈主任的精心组织和设计。回到岗位后的关键是内化和落实，我会与我的团队用行动来诠释理念，用改变来展示状态，演绎激情，着眼于生命，办乡镇更美好的教育。

（阳信县名校长浙江大学培训学习体会）

努力做有思想、有作为的校长

4月23日至26日，我荣幸地参加了教体局精心组织安排的教育干部桓台挂职培训。三天半的学习，先后到了果里镇中心校、开发区实验学校、周家中学、桓台实验学校、果里镇中心小学、果里镇实验幼儿园、果里镇中心幼儿园，参观校园文化，深入课堂、办公室与校长们、老师们交流，感受了桓台的乡镇教育，印象最深的是桓台县周家中学李可友校长，他那深挚的教育情怀、淳朴的教育智慧让我受益匪浅。

桓台县周家中学建校以来始终发扬着"特别能吃苦、特别能战斗、特别能奉献"的周中精神，"咬定青山不放松"，蹄疾步稳，攻坚克难，孕育、践行"美的教育"，形成了"美的教育"发展体系，确立了学校的核心价值观和精神文化体系。李校长提出"美的教育"的灵魂是"爱"，核心是"真"，目标是"美"。"美的教育"体系不是封闭的、静止的，而是开放的、发展的，学校遵循教育发展规律，遵循学生身心发展规律，把提高学生核心素养作为出发点和落脚点，形成了"轻负担、高质量"的绿色发展生态。学校创建了"精准化教学"体系，坚持一个教学原则：面向全体学生；坚持一个教学理念：为发展学生思维而教；坚持一个教学模式：自由的课堂。李校长形成了"棱锥体管理法"管理体系，形成了自己的管理理念："双第一"理念，管理就是服务，管理就是发展。

理念的背后是素养，李可友校长50余岁，貌不惊人，谦和真诚，介绍学校管理情况耳熟能详，娓娓道来，有自己的独特思考，有理论支撑，蕴含着很高的专业素养。他的见解和观点、探索与实践让我对校长的使命有了更深刻的思考。

一、做有理念、有情怀的校长

校长是学校的灵魂，校长的理念内涵与思想高度决定了办学品位和办学水平。校长要牢记教育的底色是爱与尊重，没有爱就没有教育的灵动，教育就是爱的育化，校长要把大爱、博爱变为做人、做事的底色。校长要牢记教育的属性是真与和谐，尊重教育规律，着眼于生命的成长，真课堂、真课程、真思维、真学习、真教研、真教育才会让教育返璞归真，师生关系和谐、同事关系和谐、领导与教师关系和谐、家校关系和谐、个人成长与学校发展关系和谐、个人价值观与新时代关系和谐才会构建出温馨美好、激情似火、宽容如海的教育。校长要牢记教育的使命是唤醒与点燃，激发师生生命个性潜能，激励师生追寻生命价值，让师生感受生活、学习、工作的美好，鼓励先进、尊重差异、呼唤激情、点燃奋进应该是校长不懈的追求。

我们要在理解、把握教育的底色、属性与使命的基础上努力构建自己的学校发展体系，包括精神文化体系、德育体系、教学体系、课程体系、管理体系，提炼自己的核心办学理念、教学理念、管理理念，并把理念转化为师生共同的行为、共同的追求。校长需要情怀与诗意，需要扎实与坚守，需要开放与发展，切莫封闭静止、故步自封、观念老化、小富即满。

二、做有温度、会引领的校长

一是价值引领。校长要注重学校价值观建设，潜心研究，描绘学校的发展愿景，描绘师生共同的发展愿景，让开拓进取、追求美好成为学校的主流文化。

二是信仰引领。"不想让一个地方长草，就在这里种植庄稼"，我们要向李校长那样，时刻加强正能量的渗透和优秀思想的灌输。"观念决定出路""态度决定一切""细节决定成败""成功在八小时之外""大位无形，大爱无痕""日事日毕，日事日新""善始善终，尽善尽美""领先一步""做到极致""换位思考""工作停止，但不能停止思考""悠闲的背后是秩序"……让这些成为我们的座右铭和学校信仰吧。

三是榜样引领。李校长坚持"以身示范是第一教育力和领导力"，十几年来如一日，要求学生做到的教师必须做到，要求教师做到的中层必须做到，要求中层做到的，校长必须做到。我们一定要把优秀教师典型树立起来，每个人都有被人赏识、取得成功的渴望，校长要潜心观察、引领和鼓励，打造成长平台，满足每个人内心的归属感、获得感，努力让每个生命绽放，让每位教师出彩。

四是成长引领。"读书是最好的管理"，要让读书成为教师生活的常态，让读书成为最好的备课。我们要创造性地开展教师读书活动，通过读书，让每个人文明儒雅，让每个人更加通情达理。

三、做能担当、善作为的校长

我们要更新观念，明确方向，梳理思路，通过爱的唤醒、精细化管理，通过未雨绸缪、夙夜在公、创新工作、用整个的心思做整个的校长来实现目标，让提升学生核心素养，让成就教师水到渠成。我们要把平凡的事情做得有血有肉，把枯燥的工作做得风生水起。课堂、课程、德育、管理、教师成长都需要创造性地、扎实地开展工作，而实现这一切需要校长的担当和作为。

再次感谢局领导精心安排的这次学习机会。回到岗位，我会把精神收获转化为行动，学以致用，笃定前行，做有思想、有作为的校长，办有温度、有情怀的教育。

（阳信县教育干部桓台跟岗培训学习体会）

心怀教育梦想，办有生命气息的教育

2019年7月8日至13日，我有幸参加了市教育局在国家教育行政学院组织的教育管理干部暨中小学校长理论提升线上线下一体化培训学习。一周的时间，我感受深刻，收获满满，让我对教育的内涵、使命和发展战略有了崭新的理解。

一、抓实每一个细节，办有温度的教育

本次培训，讲座内容丰富，有专家见解，有校长实践，有党建工作，有《中国教育现代化2035》解读，有国际形势与面临的挑战，有区域教育管理与发展探索，有全国教育大会的解读，等等，从国际、国家的高度让我们从高起点、广视角、多元化的定位上了解教育工作发展的广阔前景。学习方式更是用心设计，多元化呈现，专家报告之余隆重推出微分享环节，让身边的校长百家争鸣，网络课堂、现场体验和总结交流等活动从理论到实践，从线上到线下，从专家到一线，让我们运用多元化的方式进行学习，紧凑而充实，紧张而有条理，体现了市教育局和国教院领导的用心安排。不忘刘春国局长的句句叮咛：珍惜机会，带着问题学，围绕使命学，严明纪律学。这令我们非常感动，更让我们感受到：不管组织一次培训还是学校办学，都需要用心去做，把细节做到完美，做到精致，做到有温度。

二、抓高质量学校党建，办有信仰的教育

东城区教育工委党校书记兼常务副校长陈靖老师在报告中指出建立党建工作机制，利用"三个下功夫"激活党组织的"神经末梢"，让党组织具有组织力和生命力，用行动诠释教育乃国之大计、党之大计，中小学党建工作应该处于领航位置。作为学校，要把党建工作与教学工作深度融合，坚持立德树人的

根本任务，把思想政治工作作为学校各项工作的生命线，为党育人的初心不能忘，为国育才的立场不能改。作为校长，应该把方向，管大局，做决策，抓班子，带队伍，保落实，提升党组织的组织力和领导力，办有信仰的教育。

三、面向世界和未来，办有格局的教育

鲁桂成馆长从外交家的角度分析了国际形势、中国最近二十年发展的机遇和面临的挑战，让我们感受到了不管是教育还是每一位教育工作者并不是孤立的，都与国家命运紧紧相连，息息相关，只有国家强大起来，我们才能有事业，有未来，有健康、幸福的生活。强国先强科技，强科技先强教育，新时代面临的国际形势让我们对教育的使命有了新的定位，对教育的格局有了新的认知，教育是中华民族伟大复兴的奠基工程，需要每一位教育人从大处着眼，从小处着手，心系责任，教书育人。

国家教育行政学院于维涛主任开班式上的寄语在耳畔回响：做理想信念的坚守者，做教育思想的创生者，做教育创新的创造者，做学习研究的引领者，做社会责任的躬行者，可谓大教育、大情怀、大格局。

四、努力做追求成功的教育工作者，办有激情的教育

北京市西城区王建宗校长的报告为《新时期学校管理创新与学校内涵发展》。王校长用激情呼唤激情，用整个的生命做整个的教育，鼓励大家担当新使命，展现新作为，努力做追求成功的教育工作者，善于把握国家教育方针，善于创新管理方式方法，研发适合的工作模板，遵循规律，做专业型的教育人。整个报告激情四射、神采飞扬，让大家感受到一位老教育工作者的深挚情怀和责任担当，这种精神也正是我们需要弘扬和具备的。激情应该成为校长的生命特质，去唤醒每一个生命。

五、构建学校课程体系，办有生命气息的教育

北京小学翡翠城分校张文凤校长从校长课程领导力的角度讲述了一所美好的、幸福的、师生生命真正拔节的学校，让我们很敬佩，也很羡慕。二十多年

的校长经历，她共走过四所学校，每所学校都能够通过课程建设成就师生，成就学校的美好。课程是学校办学的载体，是学校文化的陈述，张校长依托课程建设把学校办成了生命自由呼吸、成长的绿地，生机而灵动。她身上流露的包容、自信、韧劲也正是我们每一个人所需要学习和坚持的品质。

2019年是山东省工作落实年，把学到的理念、思想落实于教育行动是第一要务。我会继续梳理这次学习的笔记体会，深刻领悟，反思借鉴，并落实于行动，努力创办有情怀、有生命气息的教育。

（滨州市教育管理干部暨中小学校长理论提升线上线下一体化培训学习体会）

第四章　升华与成长

4

让爱的阳光洒满校园

　　培养品格高尚，具有良好思想政治素质和道德修养的人才是素质教育的根本要求，是新时期学校的使命。以德治校是贯彻教育方针，实施好素质教育，实现培育新人、培养名师之目的的有效办学方略。以德治校，重在"德"字，立足"爱"字。下面汇报我校的几点做法。

一、用人格示范，用真情热爱每一位教师

　　人格是最高的学位，尤其在我们教育界，最有说服力、最有感召力的往往不是法定的权力性因素，而是领导工作所表现出来的非权力性因素，其中领导的人格魅力作用巨大，最能教育人，最有凝聚力。我校的领导作风是：服务、尊重、民主、垂范、创新、实干。我校领导班子时刻牢记"没有不好的老师，只有不好的领导"，用自己的行动来诠释规章制度，用自己的行动带动、矫正师生的行为。

　　爱是一种尊重和信任，爱是一种触及灵魂、动人心魄的无声教育。只有全身心地热爱，才能唤起全体师生奋发向上的激情，得到师生的尊重和爱的回报。我校女教师较多，三八妇女节时，学校把提前写好的歌颂女教师的诗歌录制成磁带，当老师们签到时，学校大喇叭传出了感情真挚的祝福声，女教师的脸上都挂满了微笑。每当某位教师生日时，当天学校的签到表一边定有校长室的生日祝福语。学校领导处处做一个有心人，用真诚的爱去感染老师们。

二、加强师德建设

　　师德建设是学校办学的基石，良好的师德是教育教学的保障，是学校具有战斗力的标志。唤起高尚师德，激发无私奉献，这是学校工作的重要内容。师

德建设跟不上，校风校貌无从谈起，教学科研无从谈起，教育质量无从谈起。我校在师德建设方面做了许多工作。

1. 组织了第二届"我的教育教学格言"征集与评选活动。每位教师都有自己的教学格言，如王德新老师的"教30年书，欣慰一生奉献，笑对一家清贫"，劳桂青老师的"凭本事教书，用人格育人"，王志刚老师的"人生的主要经历应该在于奉献"，着实令人感动。学校打印张贴师生自己的格言警句，力求自策自励，潜移默化。如一到学校就会看到办公室、教室门玻璃上的"以微笑面对他人，用汗水换取成功"，"少埋怨环境，多改变自己"，"让语文闪耀人文的光芒"，可谓润物无声，催人奋进。

2. 开展了"我代表第一小学教师形象"教师评选活动。师生每周选出一位代表学校最佳形象或某一主题形象的教师，由其做国旗下讲话，做一周语言、精神风貌、行动形象示范，书面写出体会，全校公示，极大地激发了全体教师争先进、学先进、塑师德的积极性。目前"三讲""四好""五爱"已牢固成为我校教师的形象目标。

3. 开辟了"第一小学不会忘记"宣传报道栏目，定时全校广播，颂扬为学校无私奉献、不计回报的教师典型事迹，从而使辛勤付出的教师感受到温暖和激励。

4. 办公室桌上摆设"我是共产党员""我是学科带头人""我是县教学能手""我是县优秀教师""我是教学新秀"等系列警示牌，达到自我教育、自主管理的目的，创设了催人奋进的特色办公环境。此外，学校定期组织师德演讲比赛，召开民主生活会，通过呼唤师德、自我剖析，进一步促进教师职业道德建设，强化敬业意识。

三、把学校德育工作摆在首位

素质教育的今天，我校组织教师用心理解"播种行为，收获习惯；播种习惯，收获性格；播种性格，收获命运"的内涵。我校注重加强德育教育，尤其是学生的行为养成教育；开展大量德育实践活动，使德育工作看得见，摸得着，有血有肉。

1. 强化常规重德育。学校特别注意学生的养成教育，始终坚持《小学生守则》《小学生日常行为规范》教育，利用班会、思想品德课等教育阵地进行品德教育。学校专门印发《班会设计》，提高课堂效率。每日的日常行为规范督察分领导组、教师组、学生组，全方位监督，量化评比。每周一都要举行庄严的升旗仪式，都会有一位优秀教师或同学做国旗下讲话，进行以爱国主义为主题的集中教育。

2. 加强宣传渗德育。学校成立了"红领巾"广播站，以爱国、爱家、爱校为主要内容，每周二、周四早读时间由小主持人向全校广播，播放身边的好人好事好风尚，倾吐心声，提出建议，呼唤文明，等等；校内黑板报、宣传栏、班级风采板由学生自己创办，加强了文化氛围，学生增长了才华，提高了能力，受到了道德教育；学校与县电影公司建立长期联系，每月放映两部爱国主义教育影片，激发学生的道德情感。

3. 开展活动促德育。每年三月份，我校的"学雷锋活动月"活动办得实实在在，到处是学生做好事的身影。学校开展了"红领巾一条街"活动，有《红领巾一条街十条行为准则》。少年儿童志愿者队伍积极开展社会公益活动，受到社会的赞誉。

两年来，我校组织全体少先队员开展了"形象工程"活动，从少先队员自身形象、班级形象、校内形象、校外形象四个方面提出了具体要求，制定了督导评价标准，全方位强化了学生的形象意识、自我管理意识。目前，我校学生校内外都能做到主动说普通话，主动喊"老师好""老师再见"，主动戴红领巾、小黄帽，主动列队、入队、唱队歌，自觉文明礼让，师生见到垃圾主动捡起，校园内见不到一张纸片、一丝痰迹。

学校每学期都要制订德育工作计划，研究新时期德育工作的新途径、新办法，定期开展"故事大王"比赛、征文比赛、队列队形比赛、拔河比赛、越野赛等文体活动，开展"十佳少先队员""普通话标兵""学雷锋标兵""学习之星""艺术之星"等评选活动，全员参与，使学生在实践中受到熏陶与洗礼，受到激励与教育；组织家长座谈会，聘请校外辅导员做国旗下讲话，利用教育合力发挥教育资源优势，达到教育的最佳效果。

4. 抓住时机突德育。针对重大节日（儿童节、国庆等）、纪念日（香港回归纪念日等）组织文娱活动，全员参与，创造了特定的德育氛围，增强了集体荣誉感，加快了学生正确世界观、价值观、人生观的养成。

以德治国，国家会文明昌盛，动力不竭；以德治校，学校会青春永驻，生机盎然。劳店第一小学今后将不懈追求，不懈探索！

（全县小学校长论坛典型发言）

聚焦课堂，实施有效教学；立足校本，促进自我成长

近年来，我们坚持"洋溢尊重，和谐发展"的办学理念，一家人团结合作，努力拼搏，在落实有效教学、实现学校内涵新发展方面进行了不懈探索，学校先后被评为滨州市普通话示范学校、滨州市教学示范学校、滨州市规范化学校、滨州市依法治校示范学校、山东省语言文字规范化示范学校等。学校多次在全县做典型经验介绍，是我县校长挂职培训基地。

作为市级教学示范学校，我们认为聚焦课堂，扎实开展有效教学；立足校本，促进师生自我成长是学校不断发展的根本。

一、"聚焦课堂，实施有效教学"是学校生存发展之根

学校教育活动的主阵地在课堂，能否解决课堂中的问题，能否将思想理念转化为改变课堂的行动，将直接决定教师的教育质量。

（一）讲求教师常态课的有效性

我们认为课堂必须是真实的、深刻的，它不需要做作，它需要的是扎实、充实、丰实、平实和真实。课堂教学的最佳境界应该是震撼，以及震撼之后带来的长久思考。我们始终重视常态课的有效性。

1. 弄清学生的知识现状。它包括了解学生的学习成绩、学习兴趣、课堂纪律、参与习惯等，只有这样，我们才能掌握学生的实际学习水平，才能把握学生的学习倾向，才能增强学生学习的自觉意识，使他们在单位时间内获得最大的收益。例如，学习"数一数与乘法"时，我校李佃霞老师先让学生多次数数：数动物的个数、数图片的个数、数方格的个数等。尽管多数学生已开始采用数出每排（列）的个数，然后相加的办法，但是计算仍然是比较烦琐，至此，教师并没有马上引导学生总结规律，得出结论，而是不断增加对象的

数量：5盘苹果的个数是$3+3+3+3+3=15$（个），那6盘呢？10盘呢？15盘呢？87盘呢？让学生一步一步地感受到寻找简洁表达方式的需要，体会到乘法的价值。

2. 善于发现学生的闪光点。例如，劳志鲁老师引导学生解答："某厂生产一批电视机，原计划每天生产200台，6天完成任务，实际只用了5天，完成了全部任务，实际平均每天比原计划多生产多少台？"大部分同学用常规解法：$200\times6\div5-200=40$（台），程松松同学则张口就来："老师，我有一种简便方法，$200\div5=40$（台）。"劳老师鼓励他说："说说理由吧。""因为6天的任务5天完成，时间提前1天，而原计划一天200台的任务平均分给5天，$200\div5$就是实际平均每天比原计划多生产的台数。""程松松不简单，大家为他这种创新精神鼓鼓掌。"教室里爆发出一阵热烈的掌声，程松松同学笑了，笑得那样开心。其实，学生们都是很聪明的，当老师的要善于发现。

3. 让学生经常给自己提建议。作为老师，我们只有不断地让学生对自己的教学特点、讲授方法、理论水平、工作态度、人格品质等方面提出真实的建议，才能不断地调整自己的教学策略，弥补自己知识和能力的缺陷，完善自己的品德修养，增强自己的人格魅力，使自己的学生"亲其师，信其道"。

（二）讲求研讨课的有效性

研讨课活动已成为我校教学工作中的常规教研活动，通过研讨，促进了教师与学生、教师与教师之间的合作交流与相互学习。广大教师在教学设计过程中相互合作，相互交流；在教学过程中相互学习，相互补充；在课后共同反思，共同总结经验，共同提高。

1.周听课活动。学校每周二、周三为固定听评课日，周二语文组，周三数学组，集体听课，集体诊断。教研组长要做到定时间、定人员、定地点、定内容，组织到位。听课完毕后，下午集中进行评课，教导处提前下发课堂教学评价表（县教育局下发）和课堂交流表，待上课教师说完课后，评课教师参照标准做出客观、公正的评价。

2.骨干教师开放日及家长开放日活动。充分发挥骨干教师的名师效应，可以起到以点带面的作用。

3.同课异构活动。教学研究的主阵地在课堂，大家通过课前合作、同伴互助、课后反思，认真地用新课程理念去审视、评价每一节课。在周听课、开放日的基础上，我们在平行班间开展了同课异构活动，使上课者得到锻炼提高的同时，听课者也受益匪浅，教师的整体素质得到提高。

（三）从细节入手，讲求常规管理的有效性

我们主张学校管理从细节做起，从改正习以为常的不良小事开始，追求工作的精细化，保证常规管理规范到位。

1.狠抓学校班子建设。统一思想，让每个班子成员明确领导就是服务，为师生无条件服务，落脚点是为教学做好一切服务；领导就是表率：工作的表率，做人的表率。我校领导班子一直用自己的行动来带动、矫正师生的行为、工作作风、凝聚力、战斗力，受到全体教师的尊重和认可。

2.落实领导班子责任制度。学校对教导处、德育处、总务处、少先大队部等负责人的职责进行明确分工，分头管理，责任到人，在团结合作的基础上完成本职工作，提高办事效率，强调雷厉风行。

3.严格落实周计划制度。每周由校长室制订周工作计划，每位教师人手一份，由领导班子、各科室、有关人员分头执行，避免了学校工作的随意性，使大家明确自己的任务和学校努力的方向，自促自律。学校强调执行力，采用落实情况通报评估制度。

4.常规检查实行周查制度。每周五下午，教导处对所有教师的常规材料进行检查，并积极做出量化，肯定老师们的闪光点和存在的不足。

二、"立足校本，促进师生自我成长"是学校生存发展之本

校本教研是提高师生素质、发展自我、完善自我的重要途径，是顺应改革潮流，使教学工作不断向前推进的有效举措。

（一）加强教学反思，做反思型教师，促进教师专业成长

纵观我们的课堂教学，广大一线教师教学后大部分时间都在忙着写教案、批改作业，而往往会忽视一个可贵的方面：反思自己的教学。很多宝贵的经验随着时间的流逝而付诸东流，到撰写教学论文时东拼西凑，教学中的闪光点难以再挖掘出来，鉴于此，我校开展了教学反思活动。

"吾日三省吾身，三省吾课堂，三省吾学生之成长，乃人师也。"这是我校教学日记上的一句话。教学日记记录着教学工作的点点滴滴、方方面面，有记叙，有议论，有突发灵感的描述，有喜忧情感的倾吐，可以从往事中获取新知，可以从表述观点中陶冶情操。自身教学素质的提高在很大程度上来源于平时的教学积累，来源于教学的反思和再认识，教学过程本应是一个认识—实践—再认识—再实践的过程。多观察、多思考、多记录成为一种习惯，对教师来说受益无穷。

具体要求：1.教学反思的目的是促进教学，体会要深刻，切忌空话连篇。2.教学反思中的教学日记并不是一天一记，但每周至少有3—4篇。3.教学反思要立足于课堂，立足于教学，立足于学生的发展。4.教学反思的书写要认真、端正，切忌龙飞凤舞。

督促措施：1.各教研组每周至少有一次教学反思交流活动，相互促进，相互学习。2.学校将教学反思纳入常规检查，检查依据标准不能局限于次数，重点是质量。3.每学期中和学期末开展优秀教学反思评选及教学论文评选活动，向有关刊物发表，并将好的教学反思装订成册。如我校精选的教师教学日记《平凡的世界》受到各级领导和老师的一致好评。

（二）加强学习，营造浓厚的学习氛围

1. 外出学习落到实处。"三人行，必有我师"，外出学习可以使老师们开阔眼界，起到相互借鉴、提升教学的作用。外出学习要落到实处，否则浪费了

人力、物力，起不到任何作用，这就需要学校制定相应的措施，确保外出学习的有效性。我们学校的做法是：学习前，下发外出学习笔记表，内容为：学习时间、回校交流时间、学习地点、学习内容、过程整理记录、学习体会等几个方面，使外出学习的教师有目的地学习，带着任务学习。外出学习的教师回校后将学习材料进行整理归纳，将学习的心得体会反馈给没有参加学习的教师，汇报交流，集中研讨，从而使全体教师一起受益。

2. 开辟"名师讲坛"，发挥名师效应，促进教师成长。为更新全体教师的教育教学理念，提高教育教学理论水平和实践能力，促进教师专业成长，发挥名师的榜样示范、专家引领作用，弘扬追求卓越之风，营造浓厚的学习、教学研究氛围，我校2009年5月创办了"名师讲坛"教学研究阵地。时间：每周二下午坐班时间；主讲人：本校优秀、骨干教师；聘请校外优秀、骨干教师或名师。要求：（1）全体教师参加"讲坛"活动。要认真听讲，认真做笔记，认真反思，认真汲取。（2）本校主讲教师要精心准备，培训时间不少于30分钟，介绍先进的理念、自己的工作举措、思路等。采取演讲、报告的形式，不能照本宣科读一遍。（3）主讲人到教导处报名，鼓励主动报名。（4）本校主讲教师每人次在年度考核加分项中奖励实际分数3分。学历代表过去，只有不断学习、不断反思才能代表将来，一个好的集体应该是学习型、反思型的集体。

（三）强校刊研发，为学生撑起写作的蓝天

《春之声》是我校创办的内容丰富、栏目新颖、图文并茂的校刊。自2003年12月创刊以来，已经圆满出刊30多期，共容纳全校师生的优秀习作900多篇。每期《春之声》内容广泛，设有众多适合小学生的栏目，习作内容和图案均为我校师生亲笔所写所画，亲自构思，内容丰实，既有优秀教师的爱岗敬业之作，又有学生体现个性的生活写真；既有可欣赏的诗歌、散文、故事，又有趣味横生的幽默联想；既有丰富多彩的综合知识，又有校园璀璨的明星故事，贴近学生的生活。"一分耕耘，一分收获"，经过老师们的共同努力，《春之声》于2007年被评为"县十佳校刊"。

（四）开设校本课程，让学生享受经典的芬芳

我们认为，诵读能使广大学生更深刻地了解中国文化的博大精深和绚烂多彩，并从中汲取精华，受益终生。我们相信，通过全社会的不懈努力，中华文化必将发扬光大，代代相传，在新世纪中建设起一个繁荣富强的文化中华！我们学校在不同学段及年级开展了经典诵读活动。经典诵读内容：一、二年级：《三字经》；三、四年级：《古诗精选》；五、六年级：《大学、论语精选》。

为激发学生诵读经典的积极性，学校先后组织了三次比赛：班内比赛、学校比赛、县总决赛。在全县组织的经典诵读比赛中，我校学生诵读的《满江红》和《大学》荣获二等奖，市教育事业发展组到我校检查时对校本课程的开发给予了很高的评价。

（滨州市教学工作会议交流材料）

文化引领，促进学校内涵发展

近年来，劳店乡第一小学坚持文化引领、以人为本的办学思路，坚信学校文化不是学校工作的装饰，而是学校发展的灵魂，在实施素质教育、优化学校管理方面进行了不懈的探索和追求。

一、重视理念文化建设，实现思想育人

什么样的理念就有什么样的学校，长期以来，我校始终坚持"洋溢尊重，和谐发展"的核心办学理念，形成了"德育为首，以人为本，张扬个性，自主发展；建设科研、奉献、合作型教师队伍；培育高尚、创新、实干型人才；建设文明、规范、特色化学校"的办学思路，形成了"自主、自强、自律、自尊"的校风，"科研探索教书，实事求是育人"的教风，"刻苦学习、争做第一"的学风，倡导教师树立共同的追求：我们要做全县一流学校的教师。目前，团结向上、尊重和谐的氛围已在我校形成。

二、重视精神文化建设，实现教书育人

学校确立了教师形象的目标，要求教师塑造德高、博学的形象；倡导弘扬四种精神：敬业精神、团结精神、开拓精神、科学精神，确立四种意识：质量意识、教改意识、安全意识、竞争意识，发扬四心：对教育的事业心、对工作的责任心、对同事的包容心、对学生的爱心。学校还出台了《第一小学教师公约》《第一小学教师和谐宣言》，组织了"我的教育格言""我的优点"征集活动。一切活动的目的都是呼唤高尚师德，激发工作激情，营造宽松、民主的工作氛围，建设积极向上、团结和谐的教师精神文化。

三、重视管理文化建设，实现管理育人

1. 我校牢固树立了"管理即服务"的理念。领导班子形成了真抓实干、率先垂范、团结高效的工作作风，任劳任怨为师生服务的意识，不计报酬的奉献精神。我校教导主任王志刚、后勤主任宋延忠的敬业精神、工作业绩可谓劳店教育的旗帜，在这样的领导的带领下，学校涌现出一种积极向上的风气。

2. 强调尊重，倡导人文关怀，走民主和谐之路。我校根据教师队伍特点，三年前开始取消签到，自觉考勤，但老师们上下班井然有序；加强与教师的交流，坦诚的交流使学校人际关系融洽和谐；抓住某一时机感恩教师，激励教师的工作情感。

3. 强调工作的计划性，走精细化管理之路。学校实行周计划制度，并严格落实，及时监督。"把简单的工作做好就是不简单，把平凡的事做好就是不平凡。"我们主张学校管理从别人不屑于做的细节做起，从改正习以为常的不良小事开始，追求工作的精细化，保证常规管理规范到位。

四、重视活动文化建设，实现全面育人

1. 强化班级文化建设。一是抓好班主任队伍建设，经常性地进行班主任培训和交流，提升班级管理水平；二是抓好班风、学风建设；三是抓好班级文化建设，让每一面墙壁都会说话，营造一个温馨、上进的学习环境。

2. 积极开展校园文化活动和社会实践活动。坚持利用升国旗仪式进行爱国主义教育，坚持开展法制报告会、冬季越野赛，在重大节日、纪念日组织文艺汇演、征文、演讲比赛，开展社会调查、社会实践等。

3.重视学生社团、兴趣小组的建设。学校一贯重视学生社团组织、兴趣小组的建设，让学生在自己的活动小组中培养能力，自我服务，自我教育。以学生为主体的社团组织有校园广播站、文学社等。目前，我校的电子琴队、乒乓球队、篮球队、十字绣小组、舞蹈队等正开展得如火如荼。

五、重视校本文化，实现有效育人

1.“经典诵读进课堂”让学生享受经典的芬芳。2019年，我校启动了“古诗文经典诵读工程”，上午上课前5分钟、两操结束后5分钟，各班在教室门口齐读诗文。学校印制了《大学、论语精选》《三字经》《唐诗精选》等系列诵读教材，积极传承和弘扬中华民族优秀的传统文化。

2.加强校刊研发，打造师生的精神家园。学校积极编纂出版了《养成教育手册》《精神的家园》《平凡的世界》《春之声》等刊物。

3.“春之声”广播站把最美的声音传遍校园。学校成立领导小组，选拔优秀的播音员，目的是丰富学生课余文化生活，拓宽学习空间，加强思想道德教育，培养学生特长，为学生发展、学校发展、打造特色文化学校奠定基础。

4.国粹艺术进课堂。学校从校外聘请了京剧老师，成立了京剧爱好者协会，国粹艺术作为课程走进学校。

六、重视研修文化建设，促进教师专业成长

学校努力创设聚焦课堂的工作氛围，积极开展听评课、骨干教师课堂开放等活动，开创了“第一小学名师讲坛”教研阵地，尽可能地组织教师强化学习，与兄弟学校切磋交流，努力提升教师专业素质，实现课堂有效教学。

骨干教师课堂开放活动实施办法：

课堂开放人员：市级优质课获奖教师课堂随时开放，县级教学能手、学科带头人课堂随时开放，教研组长课堂随时开放，县级优质课教师课堂自愿开放。

课堂开放界定：课程表上的课都在开放范围之内。校内外人员可以按课程表随时听课，听课人数不少于两人，可以是学校组织的，可以是教师邀请的，但学校组织的每周二听评课安排不在此范围之内。

七、重视品牌文化建设，丰富学校发展内涵

学校品牌是学校内涵的集中外现，学校各类争创和品牌建设是学校工作的进一步规范、提升。近年来，我校十分重视品牌文化建设，以品牌建设为载体

优化学校管理，提升素质教育实施水平，学校内涵不断发展。在市教学示范学校验收、市规范化学校验收、市教育事业发展检查、市依法治校示范校验收、爱心小学落成典礼、致公党爱心图书室揭牌仪式等活动中，各级领导对我校的工作和品位都给予了充分肯定。

（阳信县素质教育研讨会典型发言）

把常规做到极致

我有幸在邹平九户镇中心小学挂职学习一周，该校校长的一句话让我感触颇深：把平凡的事、常规的事做到极致就是一种特色！下面我就我校在细节管理、常规落实方面的点滴做法向各位领导做一下汇报，不当之处敬请批评指正。

一、学校管理重落实

1. 领导班子求合力。众所周知，家和万事兴，单位亦然。学校领导班子团结实干是学校发展的前提，为此，我们努力加强领导班子建设。

（1）统一思想求发展。每周一上午我校领导班子例会，安排、总结工作的同时，我们随时进行思想教育，一些先进的管理理念随时渗透，良好的工作风气及时倡导，一些激励性格言及时与大家共勉，使领导班子真正率先垂范、干事创业，用领导班子的行动来带动、影响全体教师，形成发展学校、成就自己的浓厚氛围。

（2）分工明确找定位。学期初，学校对中层以上干部制定了明确的职责，要求大家找准定位。我们倡导"校长应成为一个校长工作组"的理念，强调权力分享，领导成员各负其责，有职有权，全体教师参与管理，这样就使学校管理文化有着丰富的内涵和外延，凝聚起团队精神和信念，从而实现管理育人。

2. 未雨绸缪早计划。成功属于提前规划并付诸行动的人。周计划制度是全县很多学校的举措，我校同样非常注重周计划的制订与落实，每周五放学前各科室都要定出下周自己的工作计划，校长利用双休时间统筹考虑，统筹安排，汇总成全校周计划，周一升旗仪式结束后，发给每位教职工。学校每项大型活动我们都要制订翔实的计划安排，做到有的放矢，提高效率。我校一直强调计划的校本性，强调可操作性，要求严格落实，抓出实效。

3. 教师管理讲尊重。

（1）公平是对教师尊重的前提

我校每一项制度、考核评价办法都经过深思熟虑，教师代表讨论，最后民主表决通过。每一个文件的出台首先考虑它的公平性，在落实上更是讲究人人平等。学校要求领导班子不断换位思考：如果我是普通教师，我对此感觉公平吗？对于身为知识分子的老师们，只要学校"一碗水端平"，一心为了工作，老师们是能够理解和支持的。

（2）进行心与心的交流

"校长心语"是我校与老师们交流的一个平台，有时交流做人感悟、工作体验，有时提供经典文章、事例与老师们共勉。校长针对某种现象，经过反复斟酌锤炼，把自己的观点、感想形成文字，与大家书面交流。当然"心语"是发自肺腑的真情实感，要有激情，要充满善意和激励，否则没有感染力，成了一纸空文。

"中国教育人博客"是我校使用的一个业务、思想交流平台，全校人人有自己的教育博客，可以记录成长经历，发表文章论文，可以交流思想，互相勉励。我校老师们对此很感兴趣，笔耕不辍，乐此不疲，效果很好。

"名师讲坛"每周二下午放学后进行，本校和兄弟学校的优秀教师都可以进行专题讲座，有学科教学反思，有为师感悟。本活动不但创设了一种学习氛围，而且对全体教师是一种真实的教育，相信榜样的力量是无穷的，思想渗透的作用是不可估量的。改变一所学校，首先要改变它的精神；改变一个人，首先要改变他的思想和追求。

（3）重精神激励，做有心人

在农村中小学，教师的工作热情、积极性主要靠精神激励，这就要求校领导做一个有心人，感恩教师，表扬教师，认可教师。我校的做法是：

当教师为学校做出突出贡献时及时发布感谢通告；教师载誉归来时及时张贴祝贺信，张挂横幅；重大节日时利用短信、海报等形式表达祝福；改善优秀教师的办公环境；等等。

4.工作落实抓细节。

（1）领导执勤抓督导。每天有一名学校领导值勤，负责督导教师的教育教学行为、课程表的落实、师生值勤表的填写、教师请假记录、门窗的关闭情况等，第二天及时公布成绩。

（2）教学常规重评价。我校对教师的教学常规进行细化，对每个细节进行量化评比，以起到行为导向作用。

A.教师提前两分钟到教室情况评价

B.上课接打电话情况专项学生评议

C.教师普通话使用情况检查评估

D.学生作业批改、评语专项评价

E.教案的实用性量化评比

F.班主任评价手册填写、学生评价手册填写及时评价

G.升旗仪式教师站立姿势评价。（升旗仪式时教师的姿势直接影响活动的效果，对学生也是一面镜子，因此我们要求全体教师要给学生做出榜样，立正站好，学校量化评比纳入考核）

（3）外出学习重反馈。我校教师只要是有外出学习，就必须带着问题去，带着收获和新生成的问题回来，及时汇报交流或上展示课，力求外出学习的实效性。

（4）实行事事有人管制度。学校大大小小每件事、前勤后勤各种事都责任到人，分解到每位教师。学校不定时评比，纳入教师考核。

二、学生养成抓习惯

1.常规教育重养成。

（1）每周一升旗仪式坚持不懈，力求内容新颖，有教育实效，利用庄严神圣的氛围对师生进行爱国主义教育、感恩教育、做人教育。

（2）精心上好班会课，学校提前下发班会设计，努力提高班会课的时效性。

（3）利用学科课堂教学主阵地对学生进行品德教育。

2.开展活动促养成。

我们严格规范学生的一言一行，使其形成习惯，为此，学校组织各类细节

检查评比活动：

（1）出台《第一小学十大学习习惯》，在教室张挂，先集中学习、理论测试，使同学们明白道理，知道怎么做，然后进行班级学习习惯评比。如：

课前准备评比。通过评比增强学生时间意识，使学生养成良好的课前准备习惯。

读书姿势评比。针对我校很多学生读书、写字姿势不正确的现状，我们先后多次组织读书姿势评比活动，奖励优秀班级和个人，通过活动来培养学生良好的读书、写字、坐姿习惯。

优秀作业展评。学校组织各班同学进行观摩，营造认真书写、比学赶超的浓厚氛围。

（2）上学、放学列队检查。每天都有值勤师生对各班的上学、放学列队进行检查，量化评比。

（3）课间操检查评比。根据各班队列和做操整齐、规范程度，每天进行评价。

（4）个人卫生评比。学生的卫生习惯不容忽视，我们不定时对学生的洗头、洗脸、洗手、洗脚等情况进行检查评比。

（5）学生佩戴红领巾、说普通话不定时检查。

（6）创设情境，对小学生守则、规范进行行为测试，量化评价到班级。

（7）对学生创新作业、创新作品的评比。

同时，各班还进行了"人人班干部"分工安排，使每个同学都成了分管某项事务的班干部，极大地增强了学生的主人翁意识。学校还定期组织班级文化

评比、普通话示范班评选、学习风气优胜班评选、法制报告会、演讲比赛、文艺演出等系列活动。

此外，学校一贯重视学生社团组织的建设，让学生在社团组织中培养能力，自我服务，自我教育。学校的"红领巾"广播站、"春之声"文学社等有声有色。

三、课程落实抓实效

本学期以来，我校严格落实课程方案，在师资紧缺的情况下，除品社和综合实践活动外，所有课程全部安排专职教师，努力提高教学的专业性和课堂教学的效率。

在校本课程方面，我们分别把电子琴演奏、京剧、经典诵读、舞蹈、十字绣、手工制作纳入校本课程，从课程的高度对其进行开发，开阔学生视野，丰富学校课程文化。学校印制了系列校本教材：《经典诵读》《三字经》《养成教育手册》《精神的家园》《足迹》《春之声》《话说京剧》《电子琴演奏技巧》《我爱十字绣》等。

以上是我校在近期工作中的点滴做法，我们还远远没有"把常规做到极致"，今后我们会一如既往，向兄弟学校学习，办人民满意的教育。

（阳信县学校管理观摩论坛典型发言）

在工作中活出生命的意义

时光流逝，岁月如歌。

感觉参加工作还在昨天，但不觉中已人到中年。

静静回首，工作16年来，我热爱自己选择的职业，团结同事，勤奋工作，无怨无悔。9年的校长工作，风风雨雨，磕磕绊绊，有成功，有失败，有欢笑，有泪水，酸甜苦辣都曾领略，但我永恒地热爱校长这份工作，并始终坚持自己的信念——在工作中活出生命的意义，让学校洋溢着尊重和激情。

我深深知道爱和尊重是一种信任，是一种触及灵魂、动人心魄的无声教育。只有全身心地热爱，爱我们的学校，爱我们的老师，爱我们的孩子，才能赢得师生的尊重，才能唤起全体师生奋发向上的激情，办好我们的教育。

三八妇女节快到了，学校没有什么物质慰问，我用了整整一个晚上的时间为女同事们写了一首诗歌，以表祝福，我写道：

献给第一小学的女老师们

阳光明媚，春意盎然，

三八妇女节是今天。

真诚地向你们祝福——

愿岁岁年轻，健康永远！

忘不了司景霞盖房没请一节课的假；

劳桂青晚上照顾病人，白天工作依然；

……

忘不了李佃霞、张俊香工作兢兢业业；

第一小学的奋斗史上抹不去劳志鲁、程美香卓越的贡献……

辛苦了，女老师们！

祝福了，女同事们！

让我们心系第一小学，自强、自律、自勉。

每当某位教师生日或重大节日时校长室门前的小黑板上定有一段祝福语。今年五一前夕，我写道：国际劳动节马上到了，祝辛勤工作的老师们心情好！有一个健康的身体，工作着是美丽的，劳动着是幸福的。2008年元旦前夕，我给每位老师的爱人或家长寄去了新年贺卡，其中写道："祝贺您有一位能干的妻子，感谢您一年来对她工作的支持！"虽然是一张小小的贺卡，但饱含着我的感恩真情。

我认为，在教育界最有说服力、最有感召力的是领导的工作作风、人格魅力。从参加工作开始，乡教委共组织了6次义务献血，我身先士卒，每次都是第一个在报名单上签名。我献了6次血，体格偏瘦的我和有的老师一样，有几次献完血后感到头晕乏力，但我们都是装作没事，坚持工作。

为树立全校教师良好的整体形象，我对本校教师形象进行了定位，出台了第一小学教师"三讲""四好""五爱"的形象目标。为升华教师的职业情感，我组织了第一小学教育教学格言征集活动，其中王德新老师的"教30年书，欣慰一生奉献，笑对一家清贫"、崔文祥老师的"人生的主要经历应该在于奉献"令人感动。

当校长很幸福，但其中也饱含辛酸。10月的一天，下午第二节课，体育课刚开始，老师领着队伍跑步热身，一女孩在队伍中不小心摔到，站起来后开始大哭，左臂不敢动弹，老师忙领她到校长室，孩子不住地哭。我一边找车，一边和家长联系，但始终联系不上，于是我和另外两位教师带孩子去了阳信医院，经拍片，孩子是轻微骨折，医生给绑上吊带，开了一些西药，说只要不乱动很快就会恢复。我们把孩子送回家，又买了一些营养品，孩子的父母都在家，见此情景，孩子的父亲气势汹汹，任凭我们解释，依然说老师不负责任，说学校管理差，我无言，我悲凉。孩子的母亲把我们拉到一边，说她丈夫喝醉了，孩子只要没事，不会赖着学校，让我们走了。到家时，天已经黑了，在工厂劳累一天刚回家的妻子埋怨我没有做饭，无名的怒火油然而起，我再也按捺不住心中的难过，对妻子暴跳如雷，女儿哭了，妻子哭了……

工作琐碎、辛酸，但我激情依然！我知道激情是使命赋予校长的状态，实干是校长实现超越的过程。11年来，每天早上我都第一个到办公室，迎接师生的到来；下午放学后，我仍会处理日常事务，思考学校发展，最后一个离开办公室。春去秋来，周而复始，但我勤奋执着，持之以恒。

　　为提高课堂效率，我们创造一切机会提高教师业务素质，多次组织教师外出学习，到雷家学习王希奎老师的交往互动式教学，到滨州参加全国名师课堂教学观摩会，到阳信镇学习课堂教学达标提高活动，到程坞小学学习校本教研和学校文化建设等。每次学习回校，我们都要组织大家反馈交流，上汇报课，开展研讨活动，努力创设全校聚焦课堂的良好氛围。劳志鲁、李佃霞老师进步很快，改写了劳店乡小学数学市级优质课空白的历史。

　　反思是我校的传统和特定任务，在理论学习、课堂教学探索的基础上，我们提倡反思。反思形式灵活，有教学日记、专题案例反思等。发现好的案例、文章、教学设计，我都会推荐给老师们，并要求他们读完后写体会和反思。参加市教学示范学校验收时，市教研室各位领导对我校充分肯定，赞扬我校是一所有思路、有先进理念的学校。

　　经过全体师生的努力，近几年我们取得了一些成绩，连续两年获得全县"教育质量优秀学校"第一名，学校先后被授予滨州市普通话示范学校、滨州市教学示范学校、滨州市规范化学校、滨州市依法治校示范学校、山东省语言文字规范化示范学校、阳信县素质教育示范学校等。

　　回首过去，几多感慨，我深深懂得细节决定成败，付出汗水才能收获成功。展望未来，我感觉任重而道远：学校需要发展，发展永无止境。在今后的工作中，我将和我的老师们励精图治，洋溢激情，追求卓越，在阳信教育这方热土上活出生命的意义！

　　　　　　　　　　　　（阳信县教师节表彰暨干事创业报告会典型发言）

教师专业成长——学校可持续发展的不竭动力

今天，我们齐聚一堂，举行全县"三名"建设工程第三次专业成长论坛，共商教师专业成长大计。在此，我代表劳店镇全体干部、教师对各位领导给予的关怀与指导表示深深的谢意，对各位老师来我镇指导交流表示欢迎。

教师是教育事业的第一资源，教师的成长走向决定学校发展的走向，教师能走多远，学校就能走多远。当前，我们全县各级各类学校都无一例外地关注教师的专业成长，提升教师队伍的整体素养，尤其是县教体局启动的"三名"建设工程更是站在"培养阳信未来教育家"的高度创造条件，促进教师的成长。近年来，劳店镇中心学校坚持"弘扬师德，提升教师素养；注重养成，培养学生习惯；聚焦课堂，提高教育质量；文化引领，提升学校品牌"的办学思路，一班人凝心聚力、奋发作为，把教师专业成长作为学校可持续发展的不竭动力，走出了一条适合镇情、校情的师资队伍建设之路。现将有关情况汇报如下。

一、强化师德建设，营造良好校风

师德建设是办学的基石，师德建设跟不上，学校的发展无从谈起。

1. 加强师德学习。一个人的大脑，积极的东西不去占领，消极的成分就会乘虚而入。多年来，我们劳店镇各学校积极向教师推荐书目，推荐文章，推荐感人的视频资料，净化教师心灵，升华从教情感，让教师们的思想时常沐浴在高尚师德的春风中，荡涤庸俗思想，从而坚定职业信念。

2. 形成校本师德制度规范。我们各学校结合本校实际形成了《教师公约》《教师和谐宣言》《教师誓言》等一系列规范教师言行的校本制度规范，其目的是约束教师的不规范行为，由约束变为习惯，激励教师的工作激情。

3. 教师励志教育。每周"校长寄语"、每天"校长飞信"已经成为我们的一个习惯。我们通过这样的方式对教师们进行耳濡目染的做人、做事及励志教育，更重要的是校长与教师之间架设起了互励共勉和心灵沟通的桥梁。

4. 开展职业道德教育活动。师德实践是我们长期以来形成的风尚，我们定期开展师德演讲比赛、"我的教育教学格言""我的优点"征集、国旗下师德演讲及各类教职工文体活动，抓住某一时机感恩教师，激励教师的工作情感，以活动为载体呼唤高尚师德，激发工作激情，营造宽松、民主的工作氛围，建设积极向上、团结和谐的教师精神文化，教师们切身感受到了为人师的光荣，体悟到了职业的幸福。

5. 发挥领导班子的示范带动作用。中心校树立了"管理即服务"的观念，力求整个班子真抓实干，率先垂范，团结高效。王志刚校长的敬业，孙景伟、王宝亮、李建峰三位主任的兢兢业业、雷厉风行，为劳店教育树立了旗帜。

6. 优化教师工作生活环境。我们争取资金更换了学校变压器，彻底改建了伙房餐厅，改善了教师的生活质量；投资安装了电子屏幕、校园广播，为中学、解家小学更换了品牌办公桌椅，大大优化了教师的办公环境，为教师干事创业提供了物质支撑。

二、加强学习与反思，促进专业成长

1. 倡导教师读书。学校启动了智慧读书行动，引领教师与书籍为伴，与经典为伍，与大师对话。我们认为"学习、读书是给教师最大的福利"，大力倡导读书活动。我们明确了阅读要求：一要多读教育理论专著和教育期刊，提升教育理论修养，指导教育教学行为；二要多读经典著作，改变人生态度，提升精神境界。我们开放阅读视角：每年订阅几十种教育专业刊物、各学科的专业期刊以及人生励志的书籍。随着读书行动的深入开展，学校提出了"读教结合，读研结合"的学习策略，把读书、教学、教研融为一体，引导教师学习理论，研究方法，优化课堂，解决教学问题。为了增强实效性，要求教师养成不动笔墨不读书的习惯，及时摘记和撰写感悟，做到读思结合，同时开展读书演讲比赛、读书交流会来督促读书质量，保证读书效果。有付出必有回报，在全县中小学教师读书比赛中，劳店中学、小学团体成绩均名列全县前茅。

2. 倡导做反思型教师。写一辈子教案成不了名师，经常反思的教师才有可能成为名师。教学反思的本质是一种理论与实践之间的对话，用反思来改善实践的效益，用实践来提高反思的质量。我们倡导大家做反思型教师，在备课时用好前瞻性反思，在教学过程中多用过程性反思，教学后多进行回顾性反思，以不断提高自己的总结和评价能力。同时要求教师善于将自己在实践中获得的真知灼见和宝贵经验写成论文、案例和"教学日记"。另外，本学期以来中心校实行"学校荐文"制度，每周轮流由一所学校在全镇推荐一篇好的文章或案例，督促教师们"三省吾身，三省吾课堂，三省吾学生之成长"。

3. 倡导教师写教育博客。为了搭建反思交流平台，激发教师自主发展的情感，自2010年5月开始，全镇教师在教育门户网站——中国教育人博客建立了学校教师的博客群，这是我镇教师专业成长的一个很重要的举措。教师们在上面发表博文，学习名家名师的教学经验与思想，交流心得，实现资源共享。劳店中学张如意老师两次被评为"博客之星"，共有两百余篇博文被推荐或设为精华文章，成为我们劳店镇乃至全县博客建设的优秀代表。为保证博客建设的质量，整个过程我们有检查，有评价，有反馈。博客建设已经成为我们镇教师成长的最优化平台。

三、落实教师培训，强化专业引领

1. 实施"青蓝"工程，壮大骨干教师队伍。丰富的教学经验具有传承性，开展师带徒结队活动，一方面有利于提高骨干教师的成就感，激发其工作热情；另一方面有利于缩短新教师的成长周期，在最短时间内得到提高。各校充分利用本土资源，发挥骨干教师作用，通过"名师讲坛"等形式，有针对性地让校内名优教师谈经验体会，做专题讲座，上观摩课，发挥本校名师、教学能手、学科带头人的带动作用，使教师们升华教育理念，梳理工作思路，感悟教育内涵，增强进取意识。

2. 扎实进行远程研修。对中小学远程研修，我们高度重视，制定了翔实的研修方案与制度，并抓好各层面的落实，倡导教师们珍惜机会，自我提升，做一名幸福的教师。学校每天都对研修督查情况进行汇总并形成简报，有表扬，有评价，有要求，有建议。劳店中学连续两年教师暑期研修排名位居全市前二十名，2011年小学教师研修，劳店镇学员优秀率超过30%；今年2月，劳店镇中心学校被评为滨州市师资培训先进单位。

3. 外出挂职，丰厚教师的专业底蕴。一个人能走多远，要看他与谁同行；一个人有多优秀，要看他有谁指点。为了让学校的教师有更多的学习机会，我们依托山东省"1751"改革创新工程项目学校的背景，先后选派了100余人次远赴青岛实验初中、济南胜利大街小学挂职培训一周。培训教师采取"一对一"帮扶模式，通过观摩课堂教学、参加教研活动等方式，促进自身专业素养的提升。教师们珍惜机遇，心系责任，不辱使命，白天学习、听课、评课，晚上总结、整理学习日志，当晚由带队领导审阅、评价、反馈、修改后汇集成简报，发回镇各校平台，第二天各校打印发到各教研组，形成了全镇关注挂职学习、了解外面世界的无形网络。与此同时，在省市县举办的优质课评选中，我们也积极选派教师参加观摩活动，让我们的教师走近名师，丰盈自己的教育人生。

4. 开展同课异构，聚焦课堂教学。中学、中心小学分别与青岛实验初中、济南胜利大街小学以及县域内兄弟学校开展了灵活多样的同课异构、结对或联片教研活动，两校同上一节课，不同的设计，不同的风格，课堂论剑，精彩纷呈。活动中彼此交流，取长补短，真正达到了联片教研、资源共享、合作双赢、共同提高的目的。目前，中学、中心小学分别初步形成了"自主、互助、开放""五课型三环节全自主"的课堂教学范式。

5. 强化教师基本功训练。去年以来，我们以县教师基本功大赛为载体掀起了大练基本功的高潮。各学校开展了丰富多彩的活动，制订了切实可行的训练计划，制定了评价标准，开展了粉笔字"天天写，日日展"、钢笔字"天天练、周周交"、毛笔字"天天练、周周评"的活动。活动力求实效，有奖励，有鞭策，让提高基本功水平成为教师们的一种自觉意识。

6. 发挥"三名"的引领作用。我镇"三名"建设工程人选现有7人，每位工程人选都认真履行了人选任务，在学校的课堂教学、帮扶互助、教育科研等方面发挥了带头作用。各校对人选充分信任，大胆任用，给他们的成长提供了广阔的空间；先后开展了名师讲座、教学示范等活动，教学相长，既培植了新生的教学骨干，壮大了名师队伍，也极大促进了人选的自身成长。

各位领导，各位老师，学校的发展靠教师素质的提升，靠名师的引领。劳店镇中心学校将紧紧抓住"三名"工程这个契机，积极创造良好的教学环境，努力为各类教学能手、各类名师搭建平台，充分发挥他们传、帮、带的作用，使更多的教师加入这个队伍，为劳店镇的教育夯实基础，提升教育质量，为创造明天的辉煌做出贡献！

（阳信县教师专业成长论坛典型发言）

坚持尊重理念，着眼生命成长

各位专家，大家好！

劳店镇中心学校现有一所中学、七所小学、一所中心幼儿园，在职在岗教职工260人，在校学生、幼儿4658人。

近几年，尤其是入选市"三名"人选以来，我一直坚持"12345"的办学策略，在学校管理、教育质量、内涵发展等方面积极探索，做了一些工作。

"1"——坚持一个办学理念。教育是什么？是生命影响生命，是灵魂唤醒灵魂，而实现教育的影响与唤醒，离不开人性的尊重，因此我校的核心办学理念提炼为两个字：尊重——以爱与尊重为底色，欣赏每一位师生，关注生命的成长，激发师生的生命潜能，让生命充满激情，充满追求真善美的渴望。

"2"——打造两个优质团队。一是中层团队，二是教师团队。在现代社会发展中，没有完美的个人，只有完美的团队。团队需要融合智慧，凝聚力量，步调一致。团体的特质必须拥有一样的梦想、一样的追求、一样的行动和彼此的信任与相互吸引。打造团队是提高学校管理水平的载体，是学校管理的核心内容，是出色完成教育教学任务的保证，是实现校长领导力的根本途径。打造执行力强、同舟共济的领导团队，打造有教育情怀、积极上进的教师团队，是教育成功的必需。

"3"——建设三种文化。一是极致文化。追求卓越，把常规做到极致，实行精细化管理，这一直是我们的倡导目标。我一直坚信细节决定成败，极致铸就完美，把常规做到极致就是办学特色。二是成长文化。学校发展离不开教师的成长，教师专业成长是学校发展的原动力，学生生命成长是教育的使命，成长是一种美丽的生命姿态。三是尊重文化。尊重萌生和谐，尊重是一种人性关怀、理性引领，尊重是一种素养、一种胸怀、一种文化。

"4"——抓住四个工作关键词。教师、学生、课程、课堂是我工作的四个关键词，一切工作都围绕这四个关键词进行。学校事务繁杂，但我的工作主线是：弘扬师德，提升教师素养；注重养成，培养学生习惯；聚焦课堂，提高教育质量；依托课程，打造文化品牌。

工作重点一：以人为本，引领教师成长

1. 师德奠基，弘扬正能量。师德建设是办学的基石，师德建设跟不上，学校的发展无从谈起。中心校积极向教师推荐书目，推荐文章，推荐感人视频资料，如集中收看《寻找最美乡村教师》，加强师德学习，净化教师心灵，升华从教情感，从而坚定职业信念；形成了《教师公约》《教师和谐宣言》《教师誓言》等一系列规范教师言行的校本文化，约束不规范行为，激励教师的工作激情，等等。学校还在全校范围内广泛征集了"学生心目中最美教师"标准，开展"寻找最美身影"活动，以活动为载体呼唤高尚师德，激发工作激情，建设极致、成长、尊重属性的教师精神文化。

2. 读书反思，引领专业成长。

一是强化读书。

我们在全镇启动了"每周读书日工程"，确立每周三为我镇教师专业成长全员"读书日"。每月由中心校提供推荐书目，每周三放学后一小时集中读书。寒暑假、教师节，我们都会为教师提供集中阅读书目，为大家充电。

二是倡导反思。中心校要求教师积极撰写反思日记，在反思中提升与成长。每周二的校本教研活动日是我校学科组教师之间交流反思的盛会，老师们围绕一节课、一个专题、一个知识点谈观点，说看法，反思在教研活动中详细呈现。为了搭建反思交流平台，激发教师自主成长的情感，自2010年5月开始，我们开辟了网校平台，建立了全镇教师"中国教育人博客"博客群，老师们热情高涨，积极反思、交流，形成了浓厚的专业成长氛围。为保证实效，学校定期检查运行情况，每学期进行"博客之星"评选，将老师们的优秀博文装订成册。

2013年11月开始，由我带头，全镇教育干部每天撰写教育日志，记录每个人在教育教学与管理中的工作足迹，反思工作不足，以促进全镇教育管理团队素养的提高，也积累了一大笔精神财富，中心校每周通报、反馈完成情况。

3. 专业培训，提升业务素养。

一是校本培训。我们身边有专业人才，全国模范教师王立新就是其中之一，由他牵头，从全镇遴选有教育情怀和教育思想的教师成立了"草根教育家团队"，致力打造专业教育体系，先后启动了"新教师培训工程""草根教育家工程"和"新媒体技术培训工程"。培训课程从课堂教学到教学设计，从学生管理到问题艺术，从专业学习到团队合作，层层推进，步步深化。

二是名师引领。我镇市"三名"人选2人，县"三名"建设工程人选7人，为了发挥"三名"的引领作用，中心校建立了名师工作室。每位工程人选建立一个自己的研究团队，组织5—8人形成研究共同体，实现名师带动、全员提升。学校建立了"名师讲坛1+1"的教研阵地新模式，或聘请县域内的名师，或本校的骨干教师，针对教师职业道德、学科教学、案例反思、课题研究、人生感悟等各方面进行交流、培训，同时，主讲老师还要推荐一篇优秀的文章与大家分享，形成了论坛"1+1"的新模式。

三是挂职锻炼。为了开阔老师们的教育视野，及时了解教育的前沿信息，接近教育名家，实现专家引领，学校克服重重困难让老师们走出去，接受了魏书生、李镇西、朱永新等当代教育名家的思想洗礼。除此之外，学校在历次"1751"片区交流活动和省内外其他教学教研活动中都以积极的心态选派骨干教师参加，学习教学理念，丰盈教育人生。

4.校长有约，近距离一起成长。

一是校长邀请读书活动。校长根据教师知识需求情况提前选好书目，不定时邀请有关教师到校长室一起读书，一起交流。这不但拉近了校长与教师的距离，营造了浓厚的学习氛围，更提升了教师的教育情怀与素养。

二是校长评课室，带动全镇聚焦课堂。课堂是学生成长的重要舞台，课堂的效率和质量关系着教育的质量。为了使课堂更好地促进学生的成长，中心校建立了校长评课室。评课室专家由中小学校长、市县名师、教学能手和学科带头人组成，定期通过常态听课和评课促进教师教学能力的提高。评课的重点是落实三维目标，关注生命的成长。

工作重点二：立德树人，关注学生生命成长

我们坚持德育为首的育人方针，缔造了"立德、为学"的育人思想，坚定不移地落实习总书记提出的"立德树人"要求。

1. 构建了完善的德育管理体系。德育管理是一项系统工程，我们形成了德育处—年级部—学生会（少先大队）三级管理体系，开展和落实"优秀级部""文明学生""文明班级""习惯养成示范班"评比活动，实施目标管理，倡导文明之风，弘扬优良传统，加强班级管理，优化班风、校风。

2. 扎实落实文明礼仪教育。儒学是我们中华民族的智慧结晶，博大精深，我校以此为切入口，全面推行以儒家经典为主要内容的文明礼仪教育。我们的文明礼仪教育内容关乎言行举止，关乎情感熏染，关乎文学经典教育，关乎高尚情操陶冶。在实施上表现为文明监督岗、学生会礼仪部值勤、"双十"习惯课程。学校举办了文明礼仪知识竞赛、主题班会与专题演讲，让文明礼仪深入到每一个学生心中。文明礼仪教育实现了由约束到自觉，成为学生自我成才的动力。

3. 倡导自主管理理念，实施"小班制"管理创新。我们倡导班级自主管理，让班主任从烦琐的班级事务中解脱出来，打造一支更强有力的学生管理团队，让所有人都参与到管理中，个个都成为班干部，让学生分担老师平时忙碌的烦琐事务，让班主任不再孤单前行。我们将一个完整的班级根据学生的性别、性格、学习现状、最近成长区等指标划分为不同的"小班"。每一个独立的"小班"都有专属的管理团队，负责"小班"的日常管理与评价，从卫生、就餐、自习、纪律、活动、成长等各个方面进行自我管理，每天有行为量化，每周有管理数据的统计与总结。

小班管理的实质就是要为每一个学生提供最大的发展空间，更多地满足学生个性发展的需求，便于发挥每个同学的主观能动性，人人参与班级管理，既有竞争，更有合作，比学赶帮超，学生的学习、成长积极性明显增强。学生在参与班级管理的过程中培养了独立人格，提升了自我教育的能力。

4.全员育人导师制，为学生健康成长保驾护航。全体教职员工把激活学生成才原动力作为自己教育教学的首要目标，全员行动，适时对学生进行人格的引领与情感的塑造。老师们利用学生作业中的留言台与学生进行心灵的交流；在课余时间，老师们邀请自己导师制负责的同学，进行面对面的沟通，问询学生的生活状况，关注他们的心理成长。全员导师制拓宽了师生交流，减少了教育盲区。

5.德育活动课程化。我们与时俱进，不断开发、丰富德育课程。中学的入学教育——军训，每年都组织得精彩纷呈，队列队形、耐力锻炼、国防教育，活动丰富多彩，既锻炼了学生的意志，也增强了班集体的凝聚力，为同学们走好初中生活的每一步奠定了基础。离校教育也是我们开始付诸实施的德育课程，精心组织的初三学生的毕业典礼，画面感人，让学生终生难忘。

工作重点三：积极课改，打造魅力课堂

课堂是教育教学的主阵地，最美的风景在课堂，高效课堂是提高教育质量的关键。

中心校坚持"自主、合作、探究"的核心教学理念，关注学生的学习状态，关注知识的生成，关注生命的成长。在该理念的引领下，学校拓展工作思路，以个性带动整体发展，尝试进行了"1+n"的课堂教学法打造。"1"即是遵循我校的整体教学理念，"n"是每位教师根据自身学科特点对课堂结构和教学方略进行个性化设计，追寻百家争鸣、百花齐放。学校成立了教导处、科研处牵头的课改领导小组，出台了课堂改革方案，确立了"典型带动，以点带面，全面推进"的课改模式，从语文、数学两个大组开始，各遴选一名年轻骨干教师进行课改重点打磨，然后推广到全校。

2014年6月，我们邀请济南胜利大街小学王念强校长来小学诊断"尊重"课堂，探索出了"五课型三环节全自主"的语文课堂教学模式、"小组自主互助学习"的数学课堂模式。

2014年12月，我们邀请省课程中心崔成志教授来中学，开展课堂跟踪打磨活动。2015年1月，中学推出了"137"课堂教学模式。

工作重点四：着眼素养，丰实学校课程

我们将学校课程开发作为学校文化的重要组成部分，学校校本课程已涵盖人文素养课程、科技素养课程、艺术素养课程、体育素养课程和综合素养课程，共计五类41门，形成了我校比较成熟的课程体系。

其中，人文素养课程涵盖了经典阅读、回味从前、名人讲坛、入校离校课程、早诵午誓，关注学生的人文精神、人文素养；科技素养课程包括玩转代数、趣味几何、英语沙龙、生物与生活、劳动课程、团体心理辅导、乐高机器人等；艺术素养课程包括书法、绘画、剪纸、舞蹈以及传统器乐等；体育素养课程主要包括各种球类以及跆拳道、心理健康操、韵律操、国际象棋等，在锻炼学生身体素质的同时锤炼学生心智；综合素养课程涵盖了快乐汉字、热点追踪、乡土风采、古典家具、领袖训练营等。小学开设的"一日课程"以晨诵、午写、暮省、周思为主线，辅以"天天升旗、特色大课间"，以及学生养成"双十"习惯课程，得到省课程中心专家的高度评价。

为丰富学生知识，陶冶学生情操，学校行政推动，将每天最后一节课确定为阅读课，让每名学生尽情阅读，为学生专门建立了"读书笔记（怡情随笔）"，鼓励学生做好记录和批注，每周五最后一节课举行阅读汇报交流会，不计形式。学校根据学生必读篇目的要求，每学期末进行集中的阅读等级考试，通过考试的同学将获得相应的选修等级认证，以此激发广大同学热爱民族经典，传承文化经典。

"5"——坚持自身四项高度修炼。

一是修炼决策引领能力。对教育政策文件进行不断的学习和解读，时刻把好教育发展之脉，及时洞悉教育发展方向和学生的培养任务。作为校长，领导比管理更重要，校长要从琐碎的事务中解放出来，统揽全局，正确定位，增强学校战略规划意识。当前，教育发展的根本任务是立德树人，在培育学生的优秀品质和行为习惯，引领教师爱岗敬业、淡泊名利、育人为本等方面，我们做了大量实践和探索。

二是修炼书生气质。坚持每天阅读与写作，努力做一名书生校长。坚持有空就阅读教育书籍、大师专著，通过阅读与大师对话，与智者沟通，启迪思维，涤荡心灵。昌乐二中赵丰平校长的《做最好的校长》是我最喜爱的读物之一，2013年11月以来，我每天坚持写教育日志，写教育感悟。

三是修炼爱的能力。教育本身就是爱的艺术，作为校长，心中不但要有大爱，更要有爱的能力，在学校的每一个细节，都要贯穿爱的尊重和爱的温暖；不但关心帮助每一位教师的教学，更要关心爱护教师的家庭和生活，需要用心设计爱的方法、爱的途径，通过信任、支持与鼓励、呵护与坚守，让师生感受到校长的爱与尊重。

四是修炼唤醒与感召能力。激情是使命赋予校长的品质，校长要用生命激情唤醒、点燃老师们奉献教育的生命价值追求。校长要成为最敬业的人，在工作中做最有激情的人，因为"以身作则不是劝导他人的重要途径，而是唯一途径"，让老师们认可"要想优秀，与校长在一起；要想成功，与校长在一起"。

最后谈几点感悟结束我的汇报：

1.校长是什么？校长是一面旗帜，是价值的引领。

2.怎样做校长？校长要有教育情怀，心怀大爱，仰望星空，瞻望未来；校长要落实细节，追求卓越，脚踏实地，立足当下，让生命与使命同行。

（阳信县名校长述职交流发言）

用爱与尊重成就每一个生命

各位校长，各位同行：

大家好！我是阳信县劳店镇中心学校的校长。首先感谢市教育局"三名"工程平台给我提供了再一次来邹平学习的机会。来到邹平，很亲切，很熟悉，我曾多次来邹平学习观摩，2010年春天在九户中心小学挂职学习一周，当时九户中心小学李日泉校长"把常规做到极致就是特色"的办学思路对我影响很大、很深，可以说，邹平名校长如林，办学理念高端。今天我的定位是虚心来向大家学习的。

劳店镇位于阳信县城东部，随着新城区的向东扩张，劳店近一半的土地进入东外环之内，全镇交通便利，到县城有10分钟的车程。

当校长十几年来，有喜悦，有心酸，有成功，有失败，酸甜苦辣都曾领略，但我始终对工作充满敬畏，始终坚守一个信念：用爱与尊重去唤醒每一个生命。

当校长十几年来，我总结提炼出自己"1234"的办学思路，并不断实践完善。"1"是一个核心办学理念——尊重；"2"是打造两个团队——教师团队和管理团队；"3"是致力建设三种文化——尊重文化、成长文化、极致文化；"4"是抓住四个工作关键词——教师、学生、课程、课堂。

今天，我想着眼、紧扣这个"1"以及我的核心办学理念——"尊重"两个字展开我的汇报。

首先我们思考两个问题，教育是什么？校长是什么？

我想，校长们心里会呈现出很多的解释和表述语。

我最认同的理解是：

教育，是一个生命影响另一个生命，一个灵魂唤醒更多的灵魂。

诗意的描述告诉我们，教育应该是温馨、诗意、潜移默化、饱满深情地涤荡灵魂的过程，校长应该是人间大爱的传播者、师生灵魂的唤醒者、生命成长的引领者。

　　而实现生命的影响与灵魂的唤醒，完成校长的大爱使命，都离不开一样东西，那就是对人性的尊重。

　　说到尊重的话题，大家都知道，人最原始的心理渴望是得到别人的尊重和认可，学生如此，年轻教师如此，老教师更是如此，所以最让大家愿意接受的学校管理品质就是尊重，激发每个成员工作激情最直接的方式也是尊重。尊重是一种人性关怀、一种理性管理，更是一种文化。

　　尊重的胸怀和尊重的能力是校长办学的必修课。

　　走进劳店第一小学，抬头第一眼看到的是对面墙壁上的两个大字：尊重。尊重，是我长期以来的核心办学理念、行为准则和文化追求，包括尊重人格和尊严、尊重个性和差异、尊重劳动和成果、尊重科学和规律、尊重成长和速度……我一直坚持人性关怀为底色、理性约束为保障、以人为本、和谐发展的办学之路。

　　关于在学校里，教师和学生谁是第一、谁是第二的问题，我赞同李希贵校长的观点，应该是教师第一。一切课程的落实与课堂的改革，学生的管理和文化的积淀，都离不开教师。教师团队的精神状态和高度，教师的所作所为决定了我们的办学水平。我一直把教师放在首位，把教师作为第一资源，尊重他，理解他，欣赏他，引领他，成就他，关注教师的生活状况和精神需求，管理中洋溢感人的尊重，流露服务的真情，点燃教师的工作激情，激发教师的生命潜能，达到团队间心灵的沟通与和谐，从而实现校长的领导力。

尊重，是我做人的态度、办学的坐标。下面是我在"尊重"核心理念下的办学实践与思考。

一、尊重教师，校长就应率先垂范

都说校长是学校的灵魂，学校的灵魂不能滞后，所以校长应该高举旗帜，跑在前面。校长应该"记住，来这个世界，我们是为了看一场精彩的演出，而不是为了坐在最好的位置上，沉沉睡去"。

充满激情、一腔热忱、率先垂范、行动引领一直是我的工作准则。

我认为，在教育界最有说服力、最有感召力的是领导的工作作风、人格魅力。其身正，不令而行，在工作、生活上，我始终努力用自己的行动来诠释规章制度，用自己的行动来带动、矫正师生的行动。

2006年，学校争创市教学示范学校期间，学校教学业务档案需要提升和规范，每一盒每一份材料我都一一审核、把关，一百余盒档案，任何一份材料我都能了如指掌，我是全校最清楚这些材料的人，当然，两个多月的时间，我每天都在办公室忙到深夜。

每天写工作日志是我带头做的事情，两年多来，我的工作日志累计10万字，积累了一大笔人生财富，也为教育干部做了表率。按规定，全体教育干部周末都要上报周工作计划和工作日志，每周末不管到多晚，我的周工作计划、工作日志都会上传，达到交流学习、互相督促进步的目的。全镇教育干部工作日志、工作计划，我都要一一审阅，了解大家的工作情况和思想动向，并把精品日志、计划以"校长荐文"的形式推荐给大家学习借鉴。

二、尊重教师，校长就应不懈追求

当校长需要一定的素质，素质是一个人对事业的执着追求和品德上的严格自律，所以说，没有激情，没有一腔热忱和不懈追求，就当不好校长。2011年，领导任命我当中心校的校长，有人认为中心校校长就是从事宏观管理、争取资金、处理外围关系、时间自由、没人监督的乡镇"大校长"，但我不是，我时刻牢记自己是校长，应该率先垂范，深入课堂，与师生在一起，仍然早起晚归，夙夜在公，现在，我干脆不回县城，在学校住，以校为家。

2011年5月，我镇教育迎来了前所未有的发展机遇，我们学校被省教育厅确定为山东省"1751"改革创新工程项目学校。张志勇副厅长亲自挂帅，省课程中心专家和名校长组成指导团队，对我们学校的管理、课堂教学进行跟进式指导和帮扶，打造县域层面素质教育内涵发展的样板学校。我们非常珍惜难得的机遇，不等不靠，整整四年的时间，我率领我的团队审视与提升办学理念，构建和打磨理想课堂，主动对接济南胜利大街小学与青岛实验初中，积极参加片区现场交流活动，致力提升学校文化内涵。24位教师先后在省片区现场会上执教并获奖，涌现出全国模范教师王立新为代表的一大批优秀教师。四年的磨砺，学校品质与教师素养整体提升，教育综合督导评估和中考成绩连续四年全县乡镇第一名。2014年6月成功举办了省"1751"改革创新工程现场会，得到省课程中心专家团队的高度评价。

追求卓越，把常规做到极致，一直是我的倡导和工作理念。我一直坚信细节决定成败，极致铸就完美。我积极探索学校精细化管理，研究制定了《劳店镇教育精细化管理评估办法及实施细则》，从办学理念、文化建设、学校管理、教学常规、学生养成等多个方面进行细化界定；开展了升旗仪式优秀单位、课间操优秀学校、学生卫生优秀学校、上下学列队优秀学校、课桌椅及学生用品摆放优秀班级、作业书写优秀班级、作业批阅先进个人等细节养成评优活动。

我们一直坚持开展中心校听评课暨现场办公活动，强化精细化管理督查，每周到中小学进行督导检查，现场办公。从环境卫生、校园文化、校舍设施到教师上课、备课常规、师生精神状态、学生学习状态，我们都会逐一进行量化评估，及时评课，及时汇总反馈。

2013年，全市消除不安全屋盖工程展开。我镇7所小学的校舍全部是1995年"两基"时期建造的平房，当时墙体全部用泥土垒砖，近20年的风雨，不用说屋盖，就是墙体也岌岌可危，只换屋盖根本解决不了问题，也是对师生安全不负责任，中心校经过多方论证，做出了大胆决定，全部推倒新建。我们积极争取领导支持，采取社会招标垫资的方式，利用整整一个暑假，7所小学校舍及附属工程全部完工，原先每天提心吊胆的校舍安全隐患不复存在，目前我镇小学校舍是全县最好的。整整两个月，我一直穿梭于各个工地之间，虽然很累，但很幸福，很有成就感。

2015年教师节，我们召开了"打造教育强镇，提升教育质量"动员大会，吹响了突破质量瓶颈、打造教育强镇的号角，确立了指导思想、发展目标和10项工作重点。

指导思想：继续坚持"弘扬师德，提升教师素养；注重养成，培养学生习惯；聚焦课堂，提高教学质量；依托课程，提升文化内涵"的工作思路，努力加强校长、教师队伍建设，强化学校精细化管理，坚持文化治校、科研兴校、质量立校，全面提高办学水平，全面提高教育质量，确保学校平安和谐，努力打造教育强镇。

发展目标：实现幼儿园、小学、中学一脉相承，齐头并进，勇于创新，学生健康成长，教师幸福工作新格局；实现办学条件一流，管理水平高端，文化底蕴醇厚，教师团队、管理团队卓越，教育质量领先新气象。

工作重点：

1.抓住机遇，全面提升办学条件。

2.师德为本，打造卓越教师团队。

3.关注成长，培养学生良好习惯。

4.文化引领，促进学校内涵发展。

5.聚焦课堂，向常态课堂要质量。

6.着眼素养，扎实开设学校课程。

7.规范行为，提升学前教育保教质量。

8.注重宽基，夯实小学段教育基础。

9.安全至上，实现平安和谐。

10.凝心聚力，提升中小学教学质量。

目前，打造教育强镇、提高教育质量氛围浓厚，工作扎实推进。

三、尊重教师，校长就要心怀感恩

感恩那些工作卓越的同事，他们敢为人先，用行动鼎力支持你；感恩那些默默无闻的同事，他们是学校发展的脊梁；感恩那些对你有意见的同事，他们让你学会了沟通，学会了冷静。

在第一小学，我开辟了"第一小学不会忘记"栏目，通过校园广播和"校长心语"等方式宣传、感恩为学校发展做出贡献的老师们。三八妇女节到了，学校没有什么物质慰问，我有感而发，为女同事们写了一首诗歌，通过学校广播表达祝福，虽然是一个小小的细节，但我看到了老师们脸上洋溢的满足和幸福。

为强化自主管理，2006年春开始，我们取消签到，自主考勤，正是从那时起，老师们更加自觉，更加勤奋，真的感激我的老师们！

我们的离校课程既是对学生的励志，更是对教师的感恩。我们精心组织的初三学生毕业典礼，学生的内心表白、感恩话语、深情拥抱、恋恋不舍让人动容，终生难忘。

四、尊重教师，校长就要宽容和善待教师

工作角色不同，每个人所站的高度就不同，校长要尊重别人的高度，不要要求别人和你的想法一样，并不是每个教师都和校长一样站在学校的全局看待问题、分析问题和处理问题，与其指责和抱怨别人，不如用一种亲近的态度、平和的心态去沟通和兼容。

巡视校园，我偶然看到我校一位青年教师竟然坐着上课，这是我们一直禁止的事情。她工作一直很优秀，自尊心很强，我想也许她身体真的不舒服，于是我装作没看见，回到办公室，我想了很久，写了一篇"校长心语"——《站着上课是一种幸福》。下午，我给每位老师发了一份，并请大家写出自己的体会，结果那位青年教师写得很诚恳：校长，您给我留足了面子，谢谢您，以后看我的行动吧。看到这句话，我真的很欣慰！很幸福！

尊重的氛围能产生感人的故事。一次期末考试的第一天，教导主任王志刚和每天一样早早来到学校，布置、安排考务工作。一切完毕，他突然哭了，说需要请假回家。我很意外，忙追问缘由，他说他父亲去世了，我问是家里刚来的电话吗，他哭着说父亲凌晨2点就去世了。我的心在震颤，我也流泪了，因感动而哭。继而我狠狠地打了他一拳："家里出这么大的事，你还来学校干什么？"学校开会，每当提起这件事时，会场都一片寂静，全体老师体验着身边的感动，感受着无声的、透彻灵魂的教育。

五、尊重教师，校长就要鼓舞激励教师

校长要鼓励教师干事创业，时刻弘扬正能量，让正气成为学校的文化主流，让教师在潜移默化、耳濡目染、成长体验中形成共同的价值取向和追求，认可并致力于学校的发展愿景，成为拥有一样的梦想、一样的追求、一样的行动、彼此信任的团队。

寻找"最美身影"活动的内容是寻找、发现那些乐观、奋斗、博爱、创新、担当的身影，并一起为这些高尚的行动加油喝彩，让校园因这些"最美身影"而更加温馨与和谐。

学校在充分论证的基础上决定将寻找"最美身影"作为学校的长效机制，与学校的"尊重"理念相结合，打造尊重教育下的"最美身影"文化。执勤领导、师生当天发现并记录学校的"最美身影"，于次日课间操时间张贴、公布；建立周小结、月汇总机制，每学年结束形成"最美身影"集；将寻找"最美身影"纳入师生的一日常规管理及年度评优评先考核，年终举行"学校年度最美身影"颁奖典礼。

校长飞信是我每天必做的一件事，每天早上给老师们发一条飞信，有温馨提示，有励志共勉，有感恩祝贺，用人性的关怀唤醒大家的工作激情。这需要提前精心考虑，与当时工作实际结合，与教师思想状况结合，用满满的正能量激励、鼓舞大家，与大家进行心灵沟通。我时常说，我们可以不是诗人，但要诗意地活着；我时常提醒自己，我可以不是完美的校长，但我要用整个的心思

做整个的校长。

　　"校长心语"是我和老师们进行心灵沟通的另一种形式，根据特定的情况和工作实际，我会把自己的一些教育情怀、追求、感受与思考书面写出来，与大家交流分享，以期产生共鸣，引领大家前行。

　　最后用两句话结束我的发言：教育是一种高尚的生活，成长自己，唤醒别人；尊重，是我永恒的做人态度、办学坐标。

　　　　　　　　　　　　　　　　　　　　（滨州市名校长巡回宣讲报告）

后记

　　20年校长岁月，风风雨雨。

　　一路走来，感悟至深，感慨万千。我挚爱自己的工作，热爱遇到的每一个人，爱与尊重已成为我做人处世的属性，理解、包容、善良、简单已融入血液之中。回首过往，追求卓越，激情满怀，心中满是浓浓的情怀和真诚，用爱涂满奋斗的底色，用尊重映染办学的行程。

　　多年的随笔与感悟，校长工作的经历、体会、思考、观点充盈其中。偶尔读起，往事历历在目，思绪翻滚，别有一番滋味，乃自己一笔精神财富。突发奇想，并越来越强烈，把它整理一下，成一本书，不为著书立说，单纪念奋斗的青春、流逝的岁月。

　　今后的路在继续，定会风雨兼程。我坚信，校长是一面旗帜，是一种引领。作为校长，我注定心有大爱，胸怀赤诚，着眼成长，尊重生命……

张雪峰

2020年3月